Helen Weiss

Beiträge vom Staat
Von AHV bis Zulagen

D1665667

Die **Stiftung für Konsumentenschutz** (SKS) ist eine unabhängige und kritische Nonprofit-Organisation, die sich seit 1964 engagiert für die Interessen der Konsumentinnen und Konsumenten einsetzt. Sie vertritt diese Interessen nicht nur gegenüber der Wirtschaft und den Anbietern, sondern nimmt auch aktiv am politischen Prozess teil. Ziel dieser Bemühungen ist es, schon im Parlament und in der Gesetzgebung die Weichen so zu stellen, dass die Rechte der Konsumenten gestärkt werden und ein Ausgleich zu den Interessen der Wirtschaft erreicht werden kann.

Seit Beginn ihrer Tätigkeit ist die SKS auch in der Beratung aktiv. Über ihre Hotline beantwortet sie den Konsumentinnen und Konsumenten Fragen zu Konsum und rechtlichen Aspekten. Zur Beratung und Information gehören traditionsgemäss auch die SKS-Ratgeber. Diese Reihe wird nun über das **Programm Ott Verlag** in der **h.e.p. verlag ag** weitergeführt. Unser Bestreben bleibt es weiterhin, verständliche, unabhängige Orientierungshilfen zu einem erschwinglichen Preis anzubieten. Wir hoffen, dass auch der vorliegende Ratgeber dieses Ziel erreicht!

Mehr Infos im Internet über:
www.konsumentenschutz.ch

Helen Weiss

Beiträge vom Staat

Von AHV bis Zulagen

Ein Ratgeber der Stiftung für Konsumentenschutz

Ott Verlag

Bildung
Medien
Kommunikation

www.hep-verlag.ch
der bildungsverlag

Ott Verlag

Helen Weiss
Beiträge vom Staat – Von AHV bis Zulagen
Ein Ratgeber der Stiftung für Konsumentenschutz
ISBN 978-3-7225-0061-4

Gestaltung und Satz: pooldesign.ch

Bibliografische Information der Deutschen Bibliothek:
Die Deutsche Bibliothek verzeichnet diese Publikation
in der Deutschen Nationalbibliografie; detaillierte
bibliografische Daten sind im Internet über
http://dnb.ddb.de abrufbar.

1. Auflage 2007
Alle Rechte vorbehalten © 2007 h.e.p. verlag ag

h.e.p. verlag ag
Ott Verlag
Brunngasse 36
CH-3011 Bern

www.hep-verlag.ch

Inhalt

Vorwort

Die Auseinandersetzungen in Politik und Öffentlichkeit um den «Sozialstaat», einen allfälligen Abbau oder Ausbau, sind in den letzten Jahren wieder härter geworden. In diesen Debatten widerspiegelt sich die Realität der reichen Schweiz: Auf der einen Seite ist der Staat massiv überschuldet, mit den vorhandenen Mitteln muss haushälterisch umgegangen werden. Auf der anderen Seite haben immer mehr Menschen mit finanziellen Problemen zu kämpfen, Schlagworte wie «Working poor» (arme Erwerbstätige) oder «Armutsrisiko Kinder» gehen durch die Medien. Rund eine halbe Million Menschen in der Schweiz sind von der staatlichen Sozialhilfe abhängig, das Hilfswerk Caritas spricht gar von einer Million Menschen, einem Siebtel der Schweizer Bevölkerung, die von Armut betroffen sind.

Enger geworden ist es aber auch für Personen und Familien, die nicht an der Armutsgrenze leben: Das Geld für die Zahnarztrechnung der Kinder fehlt, die Mittel für eine notwendige Aus- oder Weiterbildung ist nicht vorhanden, die Krankenkassenprämien übersteigen die Möglichkeiten des Budgets. 2,63 Millionen Menschen oder 1,25 Millionen Haushalte in der Schweiz bezogen im Jahr 2004 Prämienverbilligungen, Staat und Kantonen schütteten Beiträge in der Höhe von 3,17 Milliarden Franken aus.

Dieser Ratgeber will aufzeigen, wann man Beiträge vom Staat zugute hat und wie man sie einfordern kann. Für Familien und Kinder, für die Aus- und Weiterbildung sowie für Arbeit und Arbeitslosigkeit bieten sich vielfältige Möglichkeiten. Auch über die verschiedenen Sozialwerke wie AHV und IV, Berufliche Vorsorge oder Sozialhilfe gibt der Ratgeber einen guten Überblick. Und was viele nicht wissen: In den Bereichen Wohnen und Mobilität belohnen staatliche Förderprogramme und Steuervergünstigungen ökologisches Verhalten. Bestimmte Beiträge des Staates erhält man ohne eigenes Zutun. Die AHV wird beispielsweise Monat für Monat ausbezahlt. Was aber gilt, wenn man die Prämienverbilligung für die Krankenkasse beanspruchen will? In welchen Kantonen muss man diese beantragen? Der Ratgeber gibt ihnen einen Überblick, wann sie Leistungen in Anspruch nehmen können und wie Sie am besten vorgehen. Mit zahlreichen Fallbeispielen und Tipps weist er auf Besonderheiten, Ausnahmen und unterschiedliche Regelungen in den verschiedenen Kantonen hin.

In bestimmten Lebensabschnitten, Situationen und Engpässen können Sie Unterstützung beanspruchen – ohne falsche Erwartungshaltung, aber auch ohne unnötige Hemmungen. Der Sozialstaat hat die gesetzliche Aufgabe, Sie bei Bedarf zu unterstützen, genau so wie Sie alljährlich ihre Steuern zu begleichen haben.

Stiftung für Konsumentenschutz

1 Kinder & Familie

Wer Kinder hat, verdient die Unterstützung des Staats

Kinder zu haben ist kostspielig – in unserer Wohlstandsgesellschaft gelten Kinder heute gar als Armutsrisiko Nummer eins. Am stärksten betroffen sind Alleinerziehende oder junge Eltern mit mehreren Kindern: Lange Ausbildungszeiten, Schwierigkeiten bei der Arbeitssuche oder schlecht bezahlte Jobs führen dazu, dass kaum Geld auf dem Sparkonto liegt, wenn der Nachwuchs kommt. Wenn dann noch ein Gehalt wegfällt – meist das der Mutter – oder wenn Betreuungskosten hinzukommen, stehen viele junge Paare vor einer grossen finanziellen Herausforderung.

Die Kosten einer Familie sind also nicht zu unterschätzen, vor allem wenn man mehrere Kinder grosszieht. Umso wichtiger ist es für (werdende) Eltern zu wissen, auf welche staatliche Unterstützung sie zählen können. In diesem Kapitel zeigen wir, von wem Sie finanzielle Hilfe zugute haben und wo sie diese beantragen können. Dabei geht es nicht nur um Gelder aus der Staatskasse, sondern auch um Leistungen bei Schwangerschaft und Geburt aus der obligatorischen Krankenversicherung. Über weitere finanzielle Zuschüsse oder Erleichterungen für verschiedene Lebensbereiche können Sie sich bei kantonalen Ämtern und anderen Anlaufstellen informieren.

Schwangerschaft und Geburt

Leistungen der obligatorischen Krankenversicherung (KV) während der Schwangerschaft

Schwangerschaft und Geburt sind mit hohen Kosten verbunden. Die meisten dieser Kosten werden von den Krankenkassen übernommen. Es ist wichtig, dass Sie sich schon vor der Geburt informieren, wer welche Kosten übernimmt, damit die Freude über Ihr Baby nicht durch finanzielle Ärgernisse getrübt wird.

Die Grundversicherung der Krankenkasse trägt die Kosten für die routinemässig durchgeführten Vorsorgeuntersuchungen und Ultraschallkontrollen sowie die ärztliche Betreuung und Hebammenhilfe während der Geburt. Hebammen sind gemäss Krankenversicherungsgesetz den Ärzten gleichgestellt. Sie können deshalb – ohne ärztliche Verordnung – die Begleitung während der Schwangerschaft und nach der Geburt übernehmen und sie zu Lasten der Grundversicherung abrechnen. Die Grundversicherung deckt aber nicht automatisch die gesamten Kosten für die Behandlung bei Schwangerschaftskomplikationen.

Bei einer normal verlaufenden Schwangerschaft haben Sie Anrecht auf:

- sieben Vorsorgeuntersuchungen,
- zwei Ultraschallkontrollen in der 10. bis 12. und in der 20. bis 23. Schwangerschaftswoche,
- Laboranalysen.
- Für die Geburtsvorbereitungskurse vergütet die Krankenkasse 100 Franken, wenn der Kurs von einer Hebamme geleitet wird. Kurse bei Geburtsvorbereiterinnen oder Physiotherapeuten werden nicht von allen Kassen übernommen. Fragen Sie deshalb vor der Anmeldung bei Ihrer Krankenkasse nach. Wenn Ihr Mann Sie in den Kurs begleitet, muss er seinen Anteil selbst bezahlen.

Bei einer Risikoschwangerschaft haben Sie zusätzlich Anrecht auf weitere Vorsorgeuntersuchungen und Ultraschallkontrollen, wenn diese medizinisch indiziert sind.

Tipp

Auf all diese Leistungen darf keine Kostenbeteiligung erhoben werden, also weder Franchise noch Selbstbehalt. Dies gilt auch für die Kosten einer normal verlaufenden Geburt, wenn sie von einem Arzt oder einer Hebamme begleitet wird, sei es im Spital, zu Hause oder in einem Geburtshaus. Die Höhe Ihrer Franchise spielt dabei keine Rolle. Auch die zehn Franken Selbstbeteiligung pro Spitaltag darf die Krankenkasse in diesem Fall nicht verlangen. Ausnahmen gelten bei Medikamenten, medizinischen Hilfsmitteln – wie etwa Stützstrümpfen – und Gegenständen wie Milchpumpen. Sie werden zwar, wenn sie aus medizinischen und präventiven Gründen ärztlich verordnet werden, von der Grundversicherung übernommen, unterliegen aber alle der Kostenbeteiligung.

Schwangerschaft und Geburt mit Komplikationen

Falls während der Schwangerschaft und der Geburt Komplikationen auftreten, übernimmt die Grundversicherung nicht automatisch die gesamten Kosten. So hat das Eidgenössische Versicherungsgericht entschieden, dass auf die Kosten eines Spontanaborts eine Kostenbeteiligung (Franchise und Selbstbehalt) erhoben werden darf. Die Kosten sind in solchen Fällen also von der Versicherten mitzutragen. Von dieser Rechtsprechung betroffen sind auch die Hospitalisation zur Vermeidung einer Frühgeburt, die Behandlung von Schwangerschaftsdiabetes und Infektionen oder eine psychotherapeutische Behandlung von Depressionen nach der Geburt. Es empfiehlt sich deshalb bei einer Schwangerschaft, die Franchise möglichst niedrig zu halten.

Tipp

Vor speziellen medizinischen Tests sollten Sie sich bei Ihrer Krankenkasse erkundigen, welche Kosten übernommen werden. Die Kosten für eine Fruchtwasseruntersuchung werden zum Beispiel nur gedeckt, wenn diese Tests aus zwingenden Gründen angebracht sind, etwa bei Verdacht auf Down-Syndrom oder wenn die Mutter über 35 Jahre alt ist. Liegt jedoch keine medizinische Indikation vor, müssen Sie solche Untersuchungen aus der eigenen Tasche bezahlen.

Tipp

Für die Krankenkassen ist oft nicht ersichtlich, ob sich die einzelnen Posten einer Arztrechnung auf eine Schwangerschaft beziehen. Lassen Sie deshalb von Ihrem Arzt oder Ihrer Ärztin auf solchen Rechnungen einen entsprechenden Vermerk anbringen.

Leistungen bei einer Entbindung im Spital

Wenn Sie Ihr Kind im Spital gebären, übernimmt die Grundversicherung die Kosten für die stationäre oder ambulante Entbindung in der allgemeinen Abteilung eines Vertragsspitals in Ihrem Wohnkanton. Eine freie Arztwahl besteht dabei nicht. Falls Sie bei Ihrem Gynäkologen gebären möchten – beziehungsweise eine freie Arztwahl vorziehen –, müssen Sie rechtzeitig eine Spitalzusatzversicherung abschliessen. Bezahlt werden dabei meist fünf Tage Spitalaufenthalt bei einer normalen Geburt und acht Tage bei einem Kaiserschnitt.

Leistungen bei einer ambulanten Geburt oder Hausgeburt

Bei einer ambulanten Entbindung oder einer Hausgeburt wird die häusliche Pflege durch eine Hebamme während zehn Tagen nach der Geburt bezahlt. Wenn Sie Ihr Baby in einem Geburtshaus zur Welt bringen wollen, vergewissern Sie sich zunächst, dass das Geburtshaus auf der Spitalliste Ihres Wohnkantons steht, denn nur in diesem Falle werden die Kosten für den Geburtshausaufenthalt aus der Grundversicherung gedeckt. Falls Sie nur das Wochenbett im Geburtshaus verbringen, werden die Kosten nicht zwingend übernommen. Erkundigen Sie sich über Einzelheiten im Geburtshaus Ihrer Wahl und bei Ihrer Krankenkasse.

Tipp

Bei Zusatzversicherungen haben Privatversicherungen und Krankenkassen eine Wartefrist für Mutterschaftsleistungen von mindestens neun Monaten bis zu zwei Jahren. Wegen dieser Karenzfrist lohnt es sich also, einen Versicherungswechsel im Bereich der Zusatzversicherungen lange vor der Schwangerschaft zu planen.

Leistungen an das Kind

Nicht nur Sie selbst, auch Ihr Kind muss bei einem Krankenversicherer angemeldet werden. Ihr Baby müssen Sie spätestens drei Monate nach der Geburt bei der Krankenkasse melden. Im Falle einer Anmeldung innerhalb dieser Frist beginnt der Versicherungsschutz mit der Geburt. Wenn Sie die Frist verpassen, müssen Sie die Rechnungen bis zum Zeitpunkt der Anmeldung selbst bezahlen. Eine vorgeburtliche Anmeldung ist vor allem im Bereich der Zusatzversicherungen sinnvoll, denn im Falle von Komplikationen bei der Niederkunft sichern Sie Ihr Kind so gegen mögliche Zusatzkosten ab. Somit ersparen Sie sich zeitaufwendige Diskussionen um allfällige Geburtskrankheiten oder Geburtsfehler.

Pflege und Spitalaufenthalt des gesunden Neugeborenen werden – ohne Kostenbeteiligung – von Ihrer eigenen Grundversicherung gedeckt. Die Grundversicherung des Kindes hingegen deckt die Kosten für Untersuchungen des Kindes nach der Geburt und eine Nachuntersuchung zwischen der sechsten und zehnten Lebenswoche. Für die Behandlungskosten eines kranken Neugeborenen kommt ebenfalls die Grundversicherung des Kindes auf.

Kommt die Grundversicherung Ihres Kindes zum Tragen, müssen Sie sich durch den Selbstbehalt an den Kosten beteiligen. Ihre eigene Grundversicherung kommt im Weiteren – ohne Kostenbeteiligung – für drei Stillberatungen bei einer ausgebildeten Fachperson auf.

Tipp

Falls Sie über eine Zusatzversicherung verfügen und auf einer halbprivaten oder privaten Abteilung gebären wollen, sollten Sie genau abklären, ob auch das Neugeborene eine Zusatzversicherung braucht und wann diese abgeschlossen werden muss. Weil in diesem Bereich für die Kassen Vertragsfreiheit gilt, sind auch die Versicherungsbedingungen recht unterschiedlich. Eventuell müssen Sie die Behandlungskosten für das Neugeborene selbst bezahlen. Es gibt auch Modelle, bei denen Beteiligungspauschalen vereinbart werden können. Aus diesem Grund ist eine sorgfältige Abklärung bei Ihrem Krankenversicherer unumgänglich. Oft ist es empfehlenswert, das Neugeborene bei Ihrer eigenen Krankenkasse zu versichern.

Fallbeispiel: Krankassenprämie für das Kind

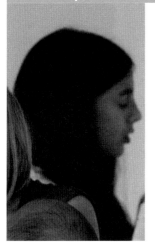

Das Baby der Familie W. wurde am 29. Juli geboren. Die Eltern Felix und Muriel W. haben ihr Kind frühzeitig bei ihrer Krankenkasse angemeldet. Als die monatliche Prämienrechnung ins Haus flattert, staunen die Eltern nicht schlecht: Obwohl ihr Baby Ende Juli geboren wurde, berechnet ihnen der Versicherer die Prämie für den ganzen Monat. Der Punkt ist im Gesetz zwar nicht explizit erwähnt, aber die obligatorische Krankenversicherung kennt nur Monatsprämien, die immer im Voraus bezahlt werden müssen. Beim ersten Erhebungsmonat ist indessen die Praxis von Versicherer zu Versicherer unterschiedlich. Gewisse Kassen – etwa jene der Familie W. – fordern die Prämien für den ganzen Geburtsmonat, unabhängig vom genauen Geburtsdatum. Andere hingegen erheben die Prämien für den Geburtsmonat nur dann, wenn das Kind in der ersten Hälfte des Monats geboren ist.

Assistierte Fortpflanzung

Falls Sie ungewollt kinderlos bleiben, kann Ihnen die medizinisch assistierte Fortpflanzung zur Erfüllung des Kinderwunsches verhelfen. Welche Praktiken dabei erlaubt sind, wird durch das Fortpflanzungsmedizingesetz geregelt. In der Schweiz verboten sind die Ei- und Embryonenspende sowie die Leihmutterschaft. Eine sorgfältige ärztliche Information über die Ursachen der Kinderlosigkeit, die Risiken und in Frage kommende Verfahren ist gesetzlich vorgeschrieben. Nur ein Teil der Kinderwunschbehandlungen wird von der Krankenkasse übernommen: Die Grundversicherung beteiligt sich an der Insemination, eine In-vitro-Fertilisation müssen Sie hingegen selbst bezahlen.

Schwangerschaftsabbruch

Seit Oktober 2002 gilt in der Schweiz die Fristenregelung. Innerhalb der ersten zwölf Wochen nach Beginn der letzten Periode ist der Abbruch der Schwangerschaft straflos.

Während dieser Frist können Sie frei entscheiden, ob Sie die Schwangerschaft abbrechen wollen oder nicht. Den Wunsch nach einem Schwangerschaftsabbruch müssen Sie schriftlich bei Ihrer Ärztin oder Ihrem Arzt einreichen und dabei Ihre Notlage geltend machen. Der Arzt oder die Ärztin muss mit Ihnen ein ausführliches Gespräch führen und Sie hinsichtlich der Risiken und Folgen einer Abtreibung beraten. Sie erhalten zudem ein Verzeichnis der Stellen und Vereine, die moralische oder finanzielle Hilfe anbieten. Für Schwangere unter 16 Jahren ist der Besuch einer auf Jugendliche spezialisierten Beratungsstelle Pflicht. Die Kosten für den Schwangerschaftsabbruch übernimmt die obligatorische Krankenversicherung unter Abzug der Kostenbeteiligung.

Schwangerschaft und Arbeit

Das Gesetz sieht verschiedene Schutzmassnahmen für berufstätige Schwangere vor, die Ihnen indirekt auch finanziell zugute kommen.

Kündigungsschutz

Während der Schwangerschaft und bis 16 Wochen nach der Geburt darf Ihnen Ihr Arbeitgeber nach Ablauf der Probezeit nicht kündigen. Bei einer Kündigung vor Beginn der Schwangerschaft wird die Kündigungsfrist mit Beginn der Schwangerschaft unterbrochen und läuft erst 16 Wochen nach der Geburt weiter.

Tipp

Falls Sie planen, nach der Niederkunft nicht mehr zu arbeiten, sollten Sie erst kündigen, wenn das Kind geboren ist – der Anspruch auf Mutterschaftsentschädigung beginnt erst mit der Geburt des Kindes. Übereilen Sie deshalb nichts, denn bei einer normalen Kündigungsfrist von maximal drei Monaten bleibt Ihnen genügend Zeit. Sie haben das Recht, bis 16 Wochen nach der Geburt zu Hause zu bleiben – nur 14 Wochen sind jedoch bezahlt.

Tipp

Wenn Sie als Arbeitnehmerin während der Schwangerschaft kündigen wollen, dürfen Sie das jederzeit tun – Sie sind jedoch an die vereinbarten Kündigungsfristen gebunden. Vorsicht: Es kann sein, dass Ihr Arbeitgeber den Mutterschaftsurlaub nicht bezahlen will und Ihnen deshalb zu einer Kündigung rät. Lassen Sie sich also nicht unter Druck setzen.

Tipp

Für schwangere Frauen ist die Suche nach einer neuen Stelle meist beschwerlich. Grundsätzlich sind bei Vorstellungsgesprächen Fragen nach einer baldigen Familiengründung nicht erlaubt. Sollte der Arbeitgeber trotzdem danach fragen, haben Sie sogar ein gesetzliches Notwehrrecht und müssen nicht die Wahrheit sagen. Erwähnen müssen Sie Ihre Schwangerschaft bei einer Anstellung nur, wenn die entsprechende Arbeitsleistung dadurch völlig verunmöglicht würde, wenn es also zum Beispiel um einen Job als Fotomodell oder Röntgenassistentin geht.

Fallbeispiel: Kündigungsschutz

Stéphanie E. arbeitet seit sieben Jahren als Redaktorin bei einer Tageszeitung. Der Verlag kündigt ihr mit zweimonatiger Frist auf Ende Oktober 2006. Ende September wird Stéphanie E. jedoch schwanger. Da der Beginn ihrer Schwangerschaft in die Kündigungsfrist fällt, darf ihr Arbeitgeber Stéphanie E. erst 16 Wochen nach der Geburt entlassen. Das heisst also: Das Arbeitsverhältnis endet erst Ende November 2007.

Arbeitszeiten

Grundsätzlich dürfen Sie während der Schwangerschaft keine Überstunden leisten. Falls Sie nachts arbeiten, also zwischen 20 Uhr abends und 6 Uhr morgens, so dürfen Sie während der ersten sieben Monate Ihrer Schwangerschaft verlangen, in einer gleichwertigen Tagesarbeit eingesetzt zu werden. Während der letzten acht Wochen vor dem Geburtstermin ist die Nachtarbeit für Sie verboten. Schwangere Frauen und stillende Mütter dürfen schwere oder gefährliche Tätigkeiten nur verrichten, wenn aufgrund einer Risikobeurteilung feststeht, dass dabei keine konkrete gesundheitliche Belastung für Mutter und Kind vorliegt. Diese Regelung gilt während der ganzen Schwangerschaft und der Stillzeit. Falls Ihr Arbeitgeber Ihnen keine Ersatzarbeit ohne Risiko vorschlagen kann, haben Sie als werdende Mutter das Recht, zu Hause zu bleiben und 80 Prozent des Lohns zu beziehen. Zwar muss Ihnen Ihr Arbeitgeber allfällige Zulagen für die Nachtarbeit nicht bezahlen, den möglicherweise ausfallenden Naturallohn – wie etwa die Verpflegung – muss er Ihnen aber vergüten.

Zudem muss Ihr Arbeitgeber dafür sorgen, dass Sie sich in den Pausen unter geeigneten Bedingungen auf einer Liege ausruhen können. Bei einer stehenden Tätigkeit haben Sie ab dem vierten Schwangerschaftsmonat alle zwei Stunden Anrecht auf zehn Minuten zusätzliche Pause. Ab dem sechsten Monat dürfen Sie höchstens vier Stunden pro Tag stehend arbeiten. Hier verhält es sich ähnlich wie bei gefährlicher oder beschwerlicher Tätigkeit: Falls Ihr Arbeitgeber Ihnen keine gleichwertige sitzende Arbeit zuweisen kann, dürfen Sie zu Hause bleiben und erhalten 80 Prozent des Lohns.

Fallbeispiel: Beschwerliche Arbeit

Lioba S. ist im fünften Monat schwanger und arbeitet zu 100 Prozent als Sekretärin in einem Kleinunternehmen. Sie empfindet ihre Arbeit als beschwerlich, weil sie den ganzen Tag sitzen muss und ständig unter Stress steht. Sie leidet unter geschwollenen Beinen und Rückenschmerzen. Ihr Chef erlaubt ihr jedoch nicht, zu Hause zu bleiben, da er die Arbeit als nicht beschwerlich einstuft. Obwohl Lioba S. kein Arztzeugnis über ihre körperlichen Beschwerden vorweisen kann, kann sie trotzdem verlangen, von der Arbeit befreit zu werden. Ohne ärztliches Zeugnis und ohne Feststellung, dass ihre Arbeit objektiv beschwerlich oder gefährlich ist, hat sie jedoch kein Anrecht auf Lohn. Lioba S. überlegt sich nun, ob sie allenfalls während ihrer Schwangerschaft unbezahlt zu Hause bleiben und von ihrem Ersparten leben will. Das könnte jedoch Konsequenzen für die Höhe der Mutterschaftsentschädigung haben: Da diese auf der Basis des durchschnittlichen Jahreseinkommens vor der Geburt errechnet wird, können die Beiträge durch einen unbezahlten Urlaub während der Schwangerschaft geschmälert werden.

Lohnfortzahlungspflicht

Sie dürfen als Schwangere auf blosse Anzeige hin von der Arbeit fernbleiben oder diese verlassen. Der Lohn wird Ihnen dann jedoch nicht in jedem Fall ausbezahlt, vor allem, wenn Sie kein Arztzeugnis vorweisen können. Zwar muss Ihnen Ihr Arbeitgeber bei Komplikationen während der Schwangerschaft wie bei Krankheit oder Unfall den Lohn während einer beschränkten Dauer bezahlen. Aus der Schwangerschaft als solcher ergibt sich jedoch kein Anspruch auf Lohn ohne Arbeitsleistung. Damit Sie Ihren Lohn auch dann bekommen, wenn Sie zu Hause bleiben, müssen Sie mit einem Arztzeugnis belegen können, dass gesundheitliche Gründe für Ihr Fernbleiben vorliegen. Dies gilt nicht nur bei Komplikationen oder Folgen, die direkt mir Ihrer Schwangerschaft zusammenhängen, sondern auch bei Erkrankungen wie etwa bei einer Grippe.

Wenn Sie sich aufgrund der Schwangerschaft nicht wohl fühlen und zu Hause bleiben, haben Sie einen Anspruch auf Lohnfortzahlung. Falls Ihr Arbeitgeber keine

Taggeldversicherung für den Verdienstausfall bei Krankheit abgeschlossen hat, so haben Sie laut Gesetz folgenden Anspruch auf Lohn: im ersten Anstellungsjahr auf drei Wochen, in den folgenden Jahren «während einer angemessenen längeren Zeit». Da dieser Gesetzestext relativ schwammig ist, haben einzelne Arbeitsgerichte – etwa Zürich, Basel und Bern – eine Skala mit Richtzahlen erstellt. Erkundigen Sie sich danach bei der Direktion für Arbeit (seco). Prüfen Sie zudem bei Unklarheiten auf jeden Fall die Regelungen in Ihrem Arbeitsvertrag und erkundigen Sie sich bei Ihrem Arbeitgeber über die geltenden Bestimmungen.

Nach der Geburt

Nicht nur schwangere Berufstätige geniessen durch das Gesetz einen besonderen Schutz, auch Mütter haben spezielle Rechte am Arbeitsplatz. Für Wöchnerinnen etwa gilt ein zwingendes Beschäftigungsverbot: Sie dürfen während acht Wochen nach der Geburt nicht arbeiten. Als stillende Mutter können Sie während des ersten Lebensjahres Ihres Kindes folgende Ansprüche geltend machen:

- Sie dürfen keine Überstunden leisten und nicht länger als neun Stunden täglich arbeiten.
- Ihr Arbeitgeber muss Ihnen einen Ruheraum mit einer Liege zur Verfügung stellen.
- Bei gefährlichen oder beschwerlichen Arbeiten darf keine Gefahr für Mutter und Kind bestehen. Wenn keine Schutzmassnahmen getroffen werden können, dürfen Sie bei 80 Prozent des Lohns zu Hause bleiben.
- Sie dürfen Ihr Kind während der Arbeitszeit im Betrieb oder zu Hause stillen. Die benötigte Zeit muss Ihnen der Arbeitgeber zur Verfügung stellen. Stillen Sie Ihr Kind im Betrieb, so gilt die Stillzeit voll als Arbeitszeit. Gehen Sie dazu nach Hause, so wird Ihnen nur die Hälfte der Abwesenheit als Arbeitszeit angerechnet.

Der Arbeitgeber muss zudem auf Familienpflichten Rücksicht nehmen. Dazu zählt die Betreuung von Kindern unter 15 Jahren, aber auch pflegebedürftiger Angehöriger oder nahestehender Personen. Wenn Sie Familienpflichten haben,

- dürfen Sie Überstunden ablehnen;
- können Sie eine Mittagspause von mindestens anderthalb Stunden Dauer einfordern;
- dürfen Sie als Eltern bis zu drei Tagen am Stück vom Arbeitsplatz fernbleiben, um Ihr krankes Kind zu pflegen. Sie müssen dazu jedoch ein Arztzeugnis vorweisen und

die Arbeit wieder aufnehmen, wenn die Pflege des Kindes organisiert ist. Die Lohnfortzahlung ist hier gleich geregelt wie bei einer eigenen Erkrankung.

Mutterschaftsversicherung

Mutterschaftsentschädigung

Seit dem 1. Juli 2005 kommen erwerbstätige Mütter in den Genuss eines bezahlten Mutterschaftsurlaubs von 14 Wochen. Finanziert wird die Mutterschaftsentschädigung aus der Erwerbsersatzordnung (EO). Diese Versicherung deckte bisher nur den Verdienstausfall für die Zeit, die jemand im Militär-, Schutz- oder Zivildienst verbringt. Arbeitnehmer und Arbeitgeber beteiligen sich je zur Hälfte an der Finanzierung.

Der Mutterschaftsurlaub beginnt mit der Geburt eines lebensfähigen Kindes. Bei einer Totgeburt besteht der Anspruch erst, wenn die Schwangerschaft mindestens 23 Wochen gedauert hat. Bei einer Adoption haben Sie kein Anrecht auf Mutterschaftsentschädigung. Sie können einen Aufschub der Entschädigung beantragen, wenn das Kind nach der Geburt während mindestens dreier Wochen im Spital bleiben muss. Als erwerbstätige Mutter erhalten Sie nach der Geburt während 98 Kalendertagen 80 Prozent des durchschnittlichen Bruttoeinkommens vor der Geburt – höchstens jedoch 172 Franken pro Tag. Das maximale Taggeld wird mit einem Monatseinkommen von 6450 Franken (6450 Franken mal 0,8 durch 30 Tage = 172 Franken pro Tag) erreicht, bei Selbstständigerwerbenden mit einem Jahreseinkommen von 77 400 Franken (77 400 Franken mal 0,8 durch 360 Tage = 172 Franken pro Tag).

Der Anspruch auf Mutterschaftsentschädigung endet spätestens am 98. Tag nach dessen Beginn. Wenn Sie vor Ende dieser Frist wieder eine Erwerbstätigkeit aufnehmen – egal, ob diese nur Teilzeit ist oder nur kurze Zeit dauert –, erlischt Ihr Anspruch.

Fallbeispiel: Mutterschaftsentschädigung

Annett A. ist im vierten Monat schwanger. Vor einem Monat hat sie ihre Stelle gewechselt: Sie arbeitet nun vollzeitlich mit einem unbefristeten Arbeitsvertrag in einem Dienstleistungsbetrieb als Sekretärin und verdient 5400 Franken im Monat. Davor arbeitete Annett A. bei einer Versicherung und erhielt einen Monatslohn von 4900 Franken. Die Mutterschaftsentschädigung, die Annett A. nach der Geburt während 98 Tagen beziehen darf, wird auf ihrem unmittelbar vor der Niederkunft erzielten durchschnittlichen Erwerbseinkommen berechnet. Sie erhält also nach der Geburt ihres Kindes ein Taggeld in der Höhe von 144 Franken: 5400 Franken mal 0,8 durch 30 Tage gleich 144 Franken pro Tag.

Anspruchsberechtigte Frauen

Der Bezug von Mutterschaftsgeld ist an gewisse Bedingungen geknüpft. Sie haben Anspruch auf Mutterschaftsentschädigung, wenn Sie zum Zeitpunkt der Geburt des Kindes entweder

- angestellt oder selbstständigerwerbend sind;
- im Betrieb des Ehemanns, der Familie oder des Konkubinatspartners mitarbeiten und einen Barlohn erhalten;
- arbeitslos sind und entweder bereits Taggeld der Arbeitslosenversicherung (ALV) beziehen oder die Anspruchsvoraussetzungen für ALV-Taggelder erfüllen würden;
- wegen Krankheit, Unfall oder Invalidität arbeitsunfähig sind und deshalb Taggeldleistungen einer Sozial- oder Privatversicherung beziehen, sofern dieses Taggeld auf einem vorangegangenen Lohn berechnet wurde;
- in einem gültigen Arbeitsverhältnis stehen, aber keine Lohnfortzahlung oder Taggeldleistung erhalten, weil der Anspruch ausgeschöpft ist.

Besteht bei der Geburt des Kindes ein Anspruch auf Taggelder aus der

- Arbeitslosenversicherung,
- Invalidenversicherung,
- Unfallversicherung,
- Militärversicherung oder
- Entschädigung für Dienstleistende,

geht die Mutterschaftsentschädigung vor. Sie entspricht mindestens dem bisher bezogenen Taggeld.

Tipp

Der Anspruch auf Taggelder der ALV bleibt während des Bezugs der Mutterschaftsentschädigung unangetastet. Zudem wird die Rahmenfrist für den Leistungsbezug der ALV ab dem Datum der Niederkunft um zwei Jahre verlängert. Als Arbeitslose sind Sie jedoch verpflichtet, sich ab der fünften Woche nach der Geburt um eine Arbeit zu bemühen und aktiv eine Stelle zu suchen.

Voraussetzungen für den Anspruch auf Mutterschaftsentschädigung

Um Mutterschaftsentschädigung zu erhalten, müssen Sie unmittelbar vor der Entbindung seit mindestens neun Monaten bei der AHV versichert gewesen sein und davon fünf Monate gearbeitet haben – unabhängig von der Höhe Ihres Arbeitspensums. Dabei werden in der EU und EFTA zurückgelegte Versicherungs- und Beschäftigungszeiten berücksichtigt. Erfolgt die Geburt vor dem neunten Schwangerschaftsmonat, wird die Versicherungsdauer entsprechend herabgesetzt. Erfolgt die Niederkunft …

- zwischen dem achten und dem neunten Schwangerschaftsmonat, wird die Versicherungsdauer auf acht Monate herabgesetzt;
- zwischen dem siebten und dem achten Schwangerschaftsmonat, wird die Versicherungsdauer auf sieben Monate herabgesetzt;
- vor dem siebten Schwangerschaftsmonat, beträgt die Versicherungsdauer sechs Monate.

Herabgesetzt wird allerdings nur die Versicherungsdauer und nicht die Mindesterwerbs-dauer. Die fünfmonatige Mindesterwerbsdauer muss in jedem Fall erfüllt werden. Sie muss jedoch nicht zusammenhängend sein: Die Zeit, während deren die Mutter einen Lohnersatz in Form von Taggeldern aus der Unfall-, Invaliden- oder Krankenversicherung bezieht, wird angerechnet.

Anmeldung für Mutterschaftsentschädigung

Das Geld aus der Mutterschaftsentschädigung wird Ihnen nicht automatisch ausbezahlt: Sie müssen es bei Ihrer AHV-Ausgleichskasse beantragen. Folgende Personen können den Anspruch auf Mutterschaftsentschädigung beantragen:

die Mutter
* via Arbeitgeber, wenn sie unselbstständigerwerbend ist;
* direkt bei der AHV-Ausgleichskasse, wenn sie selbstständigerwerbend, arbeitslos oder arbeitsunfähig ist;

der Arbeitgeber,
* wenn die Mutter es unterlässt, den Anspruch via Arbeitgeber geltend zu machen, und er während der Dauer des Anspruchs einen Lohn bezahlt;

die Angehörigen,
* wenn die Mutter ihren Unterhalts- oder Unterstützungspflichten nicht nachkommt.

Falls Sie zum Zeitpunkt der Geburt angestellt, arbeitslos oder arbeitsunfähig sind, muss der aktuelle beziehungsweise der letzte Arbeitgeber Informationen vorlegen über
* die Dauer des Arbeitsverhältnisses,
* die Höhe des Lohns, der für die Bemessung der Mutterschaftsentschädigung mass-gebend ist,
* die Höhe des Lohns, den er während der Dauer des Taggeldbezugs ausrichtet.

Tipp

Ihren Anspruch auf Mutterschaftsentschädigung können Sie bis fünf Jahre nach der Geburt des Kindes geltend machen. Danach erlischt er ohne weitere Ansprüche. Für die Zeit vor dem Inkrafttreten der Bestimmungen über die Mutterschaftsentschädigung am 1. Juli 2005 besteht ein anteilsmässiger Anspruch auf Mutterschaftsentschädigung nur, wenn Ihr Kind nach dem 25. März 2005 geboren wurde.

Auszahlung

Wenn Ihr Arbeitgeber für die Dauer des Mutterschaftsurlaubs Lohnfortzahlungen leistet, so zahlt die Ausgleichskasse die Mutterschaftsentschädigung dem Arbeitgeber aus. Falls Sie jedoch Differenzen mit Ihrem Arbeitgeber haben oder wenn besondere Umstände vorliegen, können Sie bei der Ausgleichskasse eine direkte Auszahlung verlangen. Als besondere Umstände gelten etwa, wenn der Arbeitgeber zahlungsunfähig oder säumig ist.

In allen anderen Fällen zahlt die Ausgleichskasse die Entschädigung direkt an die Mutter aus. Das Geld wird am Ende jedes Monats nachschüssig ausbezahlt. Beträgt die Entschädigung weniger als 200 Franken pro Monat, so wird der Gesamtbetrag am Ende des Mutterschaftsurlaubs ausbezahlt.

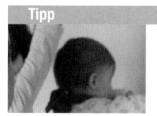

Tipp

Je nach Arbeitgeber oder Kanton haben Sie Anrecht auf weitere Leistungen nach der Geburt. Informieren Sie sich, ob Ihr Arbeitgeber eine Versicherung für einen längeren bezahlten Urlaub abgeschlossen hat oder das Unternehmen einem Gesamtarbeitsvertrag mit einer entsprechenden Regelung untersteht.

Tipp

Wenn die Mutterschaftsentschädigung nicht Ihrem Arbeitgeber zukommt, können Sie als Mutter auch verlangen, dass die Entschädigung Ihren Angehörigen ausbezahlt wird.

Kinder- und Familienzulagen

Verschiedene Systeme

Am 26. November 2006 stimmten die Schweizerinnen und Schweizer einem neuen Gesetz zu, das die Kinderzulagen künftig im ganzen Land einheitlich regeln wird. Nach dem neuen Gesetz haben die Arbeitgeber mindestens 200 Franken pro Kind zu bezahlen, für Jugendliche in Ausbildung 250 Franken. Für Selbstständigerwerbende ändert sich vorerst freilich nichts, und die neue Regelung wird wohl auch erst etwa 2009 in Kraft treten. Bis dahin bleibt es beim aktuellen Nebeneinander von über fünfzig verschiedenen Kinder- und Familienzulagensystemen:

- 26 kantonale Systeme für Arbeitnehmer;
- zehn kantonale Systeme für nicht landwirtschaftliche Selbstständigerwerbende (Luzern, Uri, Schwyz, Zug, Schaffhausen, Appenzell Innerrhoden und Appenzell Ausserrhoden, St. Gallen, Graubünden und Genf);
- fünf kantonale Systeme für Nichterwerbstätige (Freiburg, Schaffhausen, Wallis, Genf, Jura);
- Bundeslösung für die Landwirtschaft aufgrund des Gesetzes über die Familienzulagen in der Landwirtschaft (FLG), die für die ganze Schweiz mit Ausnahme des Kantons Genf gilt;
- zehn kantonale Systeme in der Landwirtschaft, die das FLG ergänzen oder – im Fall des Kantons Genf – ersetzen (Zürich, Freiburg, Solothurn, Schaffhausen, St. Gallen, Waadt, Wallis, Neuenburg, Genf, Jura).
- Für das Bundespersonal und einen Grossteil der öffentlichen Verwaltungen von Kantonen und Gemeinden bestehen besondere Regelungen.

Der Anspruch auf Familienzulagen ist also noch immer abhängig von der beruflichen Stellung der Eltern, und es wird nicht für jedes Kind eine Zulage bezahlt. Das geltende System in der Schweiz schliesst nicht erwerbstätige oder selbstständigerwerbende Eltern oftmals vom Anspruch auf Familienzulagen aus, und daran wird auch die neue eidgenössische Regelung, die voraussichtlich ab 2009 umgesetzt wird, nichts ändern.

Fallbeispiel I: Familienzulagen

Monika W. ist geschieden und hat zwei Kinder im Alter von zwei und vier Jahren. Bei der Scheidung vor einem Jahr erhielt sie das Sorgerecht für ihre Kinder. Sie wohnt im Kanton Appenzell Innerrhoden und betreibt im thurgauischen Romanshorn als Selbstständigerwerbende eine Kleiderboutique. Zwar bezahlt ihr Wohnkanton Appenzell Ausserrhoden Familienzulagen für Selbstständigerwerbende. Die Zulagen werden jedoch nach dem Erwerbsortsprinzip ausgerichtet, in Monika W.s Fall also im Kanton Thurgau. Nur: Als Selbstständigerwerbende erhält sie in ihrem Arbeitskanton keine Familienzulagen. Da Monika W. somit keinen Anspruch auf Zulagen für ihre Kinder hat, kann nun der andere Elternteil versuchen, die Zulagen geltend zu machen. Monika W.s geschiedener Mann Peter lebt und arbeitet im Kanton Zürich im Angestelltenverhältnis. Die Kinderzulagen, die er bei der Familienausgleichskasse seines Arbeitgebers beantragt hat, darf er als Vater der Kinder nicht selbst nutzen: Er muss sie zusammen mit seinen Unterhaltsbeiträgen an seine frühere Ehefrau weiterleiten.

Fallbeispiel II: Familienzulagen

Andreas und Barbara M. haben zwei Kinder im Alter von 14 und 20 Jahren. Das ältere Kind namens Jonas kam mit einer Behinderung zur Welt. Kathrin, das zweite Kind, besucht noch die obligatorische Schule. Die Familie wohnt im Kanton Solothurn, wo Andreas M. auch vollzeitlich arbeitet. Bei der Geburt der beiden Kinder erhielten die Eltern je 600 Franken Geburtszulage. Sie beziehen monatlich Kinderzulagen in der Höhe von 190 Franken pro Kind. Der Kanton Solothurn bezahlt wie Genf und Zug Kinderzulagen bis zum vollendeten 18. Altersjahr. Für Kinder, die von Geburt oder Kindheit an invalid sind, richtet Solothurn Kinderzulagen sogar noch länger aus: Für ihren behinderten Sohn können Andreas und Barbara M. bis zu dessen 25. Altersjahr Zulagen beziehen.

Familienzulagen in der Landwirtschaft (FL)

Die FL sind nach dem Bundesgesetz über Familienzulagen in der Landwirtschaft (FLG) geregelt. Anspruch auf Zulagen nach dem FLG haben haupt- und nebenberufliche Kleinbauern, selbstständige Älpler und Berufsfischer. Auch Personen, die in unselbstständiger Stellung in einem bäuerlichen Betrieb arbeiten, dürfen FL beziehen. Das massgebende Einkommen für selbstständige Landwirte darf dabei 30 000 Franken im Jahr nicht übersteigen – zuzüglich 5000 Franken je zulagenberechtigtes Kind. Ausgerichtet werden die Zulagen über die AHV-Ausgleichskassen.

Wird die Einkommensgrenze überschritten, haben selbstständige Landwirte Anspruch auf Teilzahlungen:

- Wenn die Grenze um bis zu 3500 Franken überschritten wird, werden zwei Drittel der Zulagen ausbezahlt.
- Bei einer Überschreitung von 3500 bis 7000 Franken wird ein Drittel der Zulagen ausbezahlt.

Wenn Sie FL beanspruchen wollen, müssen Sie sich mit dem entsprechenden Fragebogen bei Ihrer Ausgleichskasse oder der AHV-Stelle Ihrer Gemeinde anmelden. Falls der Arbeitgeber wechselt oder die Arbeit für längere Zeit unterbrochen wird – etwa bei einer Tätigkeit als Alphirt –, so muss ein neuer Antrag eingereicht werden. Bei persönlichen Veränderungen wie etwa Aufnahme einer Erwerbstätigkeit, Scheidung, Geburt oder Tod eines Kindes besteht eine Meldepflicht. Zu Unrecht bezogene Familienzulagen müssen Sie zurückerstatten.

Familienzulagen an Arbeitnehmer ausserhalb der Landwirtschaft

Obwohl die aktuellen Familienzulagesysteme in der Schweiz sehr unterschiedlich sind, verfügen doch sämtliche Kantone über gesetzliche Vorschriften zur finanziellen Unterstützung von Familien. Kinderzulagen werden in den meisten Kantonen bis zum 16. Altersjahr des Kindes ausbezahlt. Befindet sich das Kind noch in der Ausbildung, endet die Zahlung in den meisten Kantonen mit dem 25. Altersjahr. In einigen Kantonen werden für in Ausbildung stehende Kinder anstelle der Kinderzulagen höhere Ausbildungszulagen bezahlt (···⟩ Aus- und Weiterbildung). Verschiedene Kantone kennen zudem eine einmalige Geburtszulage zwischen 600 und 1500 Franken.

Kinder & Familie **29**

Die Familienzulagen an die Arbeitnehmer ausserhalb der Landwirtschaft werden durch die Arbeitgeber finanziert. Diese müssen sich deshalb in jedem Kanton einer Familienausgleichskasse anschliessen, an die sie ihre Beiträge entrichten. Deren Höhe wird aus der Lohnsumme berechnet. Neben den kantonalen Familienausgleichskassen existieren in der Schweiz etwa 800 private Ausgleichskassen. Wenn Sie Kinderzulagen beziehen möchten, müssen Sie also bei Ihrem Arbeitgeber einen Antrag stellen, den dieser an seine Familienausgleichskasse weiterleitet. Für weitere Auskünfte wenden Sie sich an die Familienausgleichskasse des Kantons, in dem Sie arbeiten, oder an die Familienausgleichskasse, der Ihr Arbeitgeber angeschlossen ist.

Familienzulagen an Selbstständigerwerbende ausserhalb der Landwirtschaft

Nur zehn Kantone (Luzern, Uri, Schwyz, Zug, Schaffhausen, beide Appenzell, St. Gallen, Graubünden und Genf) bezahlen Familienzulagen an selbstständigerwerbende Eltern. Die Höhe der Beiträge wird nach dem gleichen Ansatz wie für Arbeitnehmer berechnet. Zudem besteht in den Kantonen Luzern, Uri, Schwyz, Zug, Schaffhausen, Appenzell Innerrhoden und St. Gallen nur dann Anspruch auf Familienzulagen, wenn ein bestimmtes Einkommen nicht überschritten wird. Wenden Sie sich für einen Antrag und weitere Informationen an Ihre Ausgleichskasse.

Familienzulagen an Nichterwerbstätige

In fünf Kantonen (Freiburg, Schaffhausen, Wallis, Genf und Jura) können auch Nichterwerbstätige unter bestimmten Voraussetzungen Familienzulagen beziehen. Als Nichterwerbstätiger haben Sie in folgenden Fällen Anspruch auf Zulagen:

- Kanton Wallis: Ihr Einkommen darf die Grenze, die im Bundesgesetz für Familienzulagen in der Landwirtschaft (FLG) festgeschrieben ist, nicht übersteigen.
- Kanton Jura: Bedingung ist, dass Sie wegen Ihrer persönlichen Lage keiner Arbeit nachgehen können. Falls Sie jedoch aus freien Stücken keine Erwerbstätigkeit ausüben, können Sie keine Familienzulagen beanspruchen.
- Kanton Freiburg: Sie müssen seit mindestens sechs Monate im Kanton wohnen, und Ihr Einkommen darf die Grenze, die im FLG definiert ist, nicht übersteigen. Zudem darf Ihr Nettovermögen nicht über 150 000 Franken betragen.
- Kanton Genf: Sie müssen Ihren Wohnsitz im Kanton haben und dem Bundesgesetz über die Alters- und Hinterlassenenversicherung (AHVG) unterstellt sein.

● Kanton Schaffhausen: Sie müssen seit mindestens einem Jahr im Kanton wohnen, und Ihr steuerpflichtiges Vermögen darf 200 000 Franken (Alleinstehende) oder 300 000 Franken (Ehepaare) nicht übersteigen.

Die Höhe der Zulagen für Erwerbslose entspricht derjenigen für Arbeitnehmer. Melden Sie sich bei der Ausgleichskasse Ihres Wohnkantons für weitere Informationen.

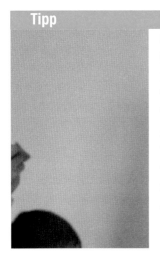

Tipp

Falls das Einkommen der Eltern nicht zur Deckung der Lebensunterhaltskosten reicht, richten die Kantone Zürich, Luzern, Glarus, Zug, Freiburg, Schaffhausen, St. Gallen, Graubünden, Aargau, Tessin und Waadt Bedarfsleistungen an bedürftige Mütter und teilweise auch an Väter von Kleinkindern aus. Die Anspruchsdauer variiert von Kanton zu Kanton zwischen sechs Monaten und zwei Jahren. Nur der Kanton Tessin sieht Leistungen bis zum vollendeten 15. Altersjahr des Kindes vor. Bedarfsleistungen sind analog den Ergänzungsleistungen (····⊱ Soziale Sicherheit) gestaltet und stellen eine Mischform zwischen Sozialversicherung und Sozialhilfe dar. Melden Sie sich für weitere Informationen bei der kantonalen Ausgleichskasse.

Zulagen für im Ausland lebende Kinder

Die meisten Kantone bezahlen Zulagen für Kinder, die im Ausland leben, wobei es zum Teil Einschränkungen bezüglich berechtigter Kinder, Altersgrenzen oder Höhe der Zulagen gibt. Diese Einschränkungen gelten aber nicht für Angehörige eines EU- oder EFTA-Staates, deren Kinder im Herkunftsland geblieben sind. Wenn jedoch der Wohnstaat der Kinder finanzielle Unterstützung auf der Basis einer Erwerbstätigkeit bezahlt, ist in erster Linie dieser Staat für die Familienzulagen zuständig. Nur wenn diese Leistungen niedriger sind als die schweizerischen Zulagen, begleicht die Schweiz den Unterschied. Nähere Auskünfte über die Zulagen für im Ausland lebende Kinder erhalten Sie bei den kantonalen Familienausgleichskassen.

Zulagen für im Ausland lebende Kinder von Asylsuchenden

Für die Leistungen an Kinder von Asylsuchenden gilt eine spezielle eidgenössische Bestimmung. Für Kinder, die im Ausland leben, werden erst Leistungen bezahlt, wenn die Eltern das Asylrecht erhalten haben. Die Zulagen, die den Kindern für die Zeit des Asylverfahrens zustehen, werden rückwirkend vergütet.

Hinterlassenenrente der AHV

Die Alters- und Hinterlassenenversicherung AHV hat zum Ziel, einen Rückzug aus dem Berufsleben finanziell weitgehend abzusichern. Mit den Altersrenten trägt die AHV dazu bei, einen materiell gesicherten Ruhestand zu gewährleisten. Die Hinterlassenenrente soll verhindern, dass sich zusätzlich zum menschlichen Leid, das der Tod eines Elternteils oder des Ehepartners über die Familie bringt, eine finanzielle Notlage einstellt (mehr Informationen ⸱⸱⸱⸳ Soziale Sicherheit).

Adressen und Links

Bundesamt für Sozialversicherung (BSV)
Effingerstrasse 20
3003 Bern
Tel. 031 322 90 11
Fax 031 322 78 80
info@bsv.admin.ch
www.bsv.admin.ch

Staatssekretariat für Wirtschaft (seco)
Effingerstrasse 1
3003 Bern
Tel. 031 322 56 56
Fax 031 322 56 00
www.seco.admin.ch

pro juventute
Zentralsekretariat
Seehofstrasse 15
8032 Zürich
Tel. 044 256 77 77
Fax 044 256 77 78
info@projuventute.ch
www.projuventute.ch

Mütter- und Väterberatung, mit den Internetadressen von lokalen
und regionalen Mütter- und Väterberatungsstellen
www.muetterberatung.ch

Liste der kantonalen Schwangerschaftsberatungsstellen
www.bsv.admin.ch/fam/beratung/d/schwanger.htm

Weitere Informationen über Familienzulagen

www.bsv.admin.ch/fam/grundlag/d/familienzulagen.htm

Weitere Informationen zur Alters- und Hinterlassenenversicherung
und zur Invalidenversicherung:

www.ahv.ch

Liste der kantonalen AHV-Ausgleichskassen

www.ahv.ch/Home-D/allgemeines/kassen/kassen.html

Schweizerischer Gewerkschaftsbund (SGB)

www.sgb.ch

Travail.suisse (Zusammenschluss von Verbänden und Gewerk-
schaften, die vorher dem Christlichnationalen Gewerkschaftsbund
der Schweiz CNG und der Vereinigung schweizerischer Angestell-
tenverbände VSA angeschlossen waren)

www.travailsuisse.ch

Onlineportal für Familien – Pro Familia Schweiz

www.profamilia.ch

2　Aus- und Weiterbildung

Bildung ist ein kostbares Gut – aber nicht alle können ihre Ausbildung selbst finanzieren. Zwar sind nach dem Gesetz die Eltern verpflichtet, bis zum Abschluss einer anerkannten Erstausbildung für alle entstehenden Kosten aufzukommen. Dies gilt auch über das Mündigkeitsalter hinaus. Wenn die Mittel Ihrer Eltern und Ihre eigenen Mittel jedoch nicht ausreichen, erhalten Sie unter gewissen Umständen vom Kanton finanzielle Unterstützung. Mit Stipendien und Ausbildungsdarlehen trägt der Staat zur Chancengleichheit bei.

Das schweizerische Stipendienwesen ist kantonal geregelt. Deshalb gibt es bei der Finanzierung beträchtliche Unterschiede. So variiert beispielsweise die durchschnittliche Höhe der Ausbildungsbeiträge erheblich. Mit den Sparbeschlüssen der jüngsten Zeit ist auch der Ermessensspielraum der Stipendienämter kleiner geworden. Die meisten Kantone unterstützen in erster Linie diejenigen Ausbildungen, die mit dem Erstberuf zu tun haben. Dazu kommen Weiterbildungen, beispielsweise Lehrgänge an Fachschulen, Fachhochschulen und das Nachholen der Matura. Kaum Geld erhalten Sie hingegen, wenn Sie abends nach der Erwerbsarbeit einen Sprach- oder Computerkurs besuchen.

Bevor Sie eine Aus- oder Weiterbildung absolvieren, sollten Sie sich gut vorbereiten. Auch wenn Sie bei der Finanzierung durch Stipendien oder Darlehen entlastet werden, gilt es gewisse Punkte zu beachten. Denn nicht nur die Ausbildungen selbst kosten in der Regel viel Geld: Zu den Ausgaben, die direkt mit den Kursen zu tun haben, wie Gebühren oder Material, kann ein Verdienstausfall dazukommen, der durch ein reduziertes Arbeitspensum bedingt ist. Es ist darum ratsam, die Frage der Finanzierung frühzeitig zu klären und ein realistisches Budget zu erstellen, bevor Sie sich definitiv für eine Weiterbildung entscheiden.

Obligatorische Schulzeit

Zuschüsse während der obligatorischen Schulzeit und danach

Während der obligatorischen Schulzeit vergeben die meisten Kantone nur in Ausnahmefällen Stipendien, da keine speziellen Ausbildungskosten anfallen. Ausnahmen gelten etwa dann, wenn ein Kind aus gesundheitlichen Gründen die Schule wechseln muss und deshalb nicht mehr zu Hause wohnen kann. Für die teureren Schulkosten während der nachobligatorischen Schulzeit, zum Beispiel an einem Gymnasium, gewähren hingegen sämtliche Kantone der Schweiz Stipendien. Einige Kantone zahlen auch Beiträge an die Kosten eines zehnten Schuljahres. Fragen Sie bei der Stipendienberatungsstelle Ihres Kantons nach und verlangen Sie die Gesuchsunterlagen.

Die Adressen aller kantonalen Stipendienstellen finden Sie im Internet unter:

www.berufsberatung.ch/dyn/1385

oder

www.crus.ch/mehrspr/aus/stip/Stellen.html

Ausbildungsbeiträge für behinderte Kinder

Auch für Kinder mit Behinderung gilt die allgemeine Schulpflicht. Sie besuchen wenn möglich wie alle anderen Kinder die normale Regelschule. Erkundigen Sie sich beim Schulsekretariat der Gemeinde über die Einschulung. Ist ein Besuch der Regelschule nicht möglich, so werden die Kinder in spezialisierten Einrichtungen betreut und ausgebildet. Dazu gehören folgende Institutionen:

* Sonderschulen, die von der Invalidenversicherung subventioniert werden,
* Sonderklassen im Rahmen der Regelschule,
* Unterstützungs-, Beratungs- und Therapieeinrichtungen.

Finanziert wird die besondere Schulung mehrheitlich durch die Kantone und die Invalidenversicherung. Informieren Sie sich beim Bundesamt für Sozialversicherungen (BSV) über Sonderschulen, die von der Invalidenversicherung anerkannt sind.

Bundesamt für Sozialversicherung (BSV)

Effingerstrasse 20

3003 Bern

Tel. 031 322 90 11

info@bsv.admin.ch

www.bsv.admin.ch

Ausbildungszulagen

Neben den Kinder- und Familienzulagen (⸱⸱⸱⸱⸳ Kinder & Familie) richten einige Kantone – etwa Basel-Stadt, Zürich und St. Gallen – auch Ausbildungszulagen aus. Zulagenberechtigt sind eigene und adoptierte Kinder sowie Stief- und Pflegekinder, für deren Unterhalt die Eltern überwiegend aufkommen. Für Formulare und weitere Auskünfte wenden Sie sich an die Familienausgleichskasse Ihres Wohnkantons.

Die Anschriften aller kantonalen Ausgleichskassen finden Sie über das Internetportal: www.ausgleichskasse.ch

Stipendien und Ausbildungsdarlehen

Rechtlicher Anspruch

Staatliche Stipendien und Darlehen sollen jenen Personen eine (Berufs-)Ausbildung ermöglichen, die nicht in der Lage sind, diese selbst zu finanzieren.

Stipendien sind einmalige oder wiederkehrende Ausbildungsbeiträge, die nicht zurückerstattet werden müssen. Auf staatliche Stipendien haben Sie einen rechtlichen Anspruch, wenn Sie alle Voraussetzungen für den Bezug von Studienbeiträgen erfüllen.

Ausbildungsdarlehen müssen Sie nach Ausbildungsabschluss zurückerstatten. Kantonale Ausbildungsdarlehen sind während der Dauer der Ausbildung zinslos, müssen aber in der Regel nach Studienabschluss verzinst und innerhalb einer gewissen Frist zurückgezahlt werden. Die Rückzahlungsbestimmungen unterscheiden sich von Kanton zu Kanton erheblich. Erkundigen Sie sich deshalb bei der Stipendienstelle Ihres Wohnkantons über die Bedingungen. Darlehen werden von den Kantonen meist in Ergänzung zu oder anstelle von Stipendien gewährt.

Vergabe

Stipendien und Darlehen erhalten Sie nur, wenn Sie eine Ausbildung an einer anerkannten Ausbildungsstätte absolvieren. Berufsbegleitende Angebote werden vom Staat meist nicht unterstützt. Fast alle Kantone setzen für die Bildungsbeiträge Alterslimiten. Appenzell Innerrhoden etwa unterstützt eine Zweitausbildung nur bis zum 30., der Kanton Bern dagegen bis zum 35. Lebensjahr. Im Kanton Basel-Stadt besteht gar keine

Alterslimite. Studierende mit Schweizer Bürgerrecht unterliegen anderen Bestimmungen als Ausländerinnen und Ausländer. Erkundigen Sie sich deshalb bei der kantonalen Stipendienstelle.

Tipp

Einige wenige Banken gewähren Bildungskredite zu besonderen Konditionen. Ein Vergleich zwischen den verschiedenen Angeboten lohnt sich. Vergessen Sie jedoch nicht, dass Sie sich durch den Bezug eines solchen Kredits zum Teil hoch verschulden und den Betrag nach dem Abschluss Ihrer Ausbildung zurückzahlen müssen. Denken Sie daran, dass rückzahlbare Darlehen eine Hypothek für den Start ins Berufsleben sind. Mit kantonalen Stipendien oder Darlehen fahren Sie besser.

Tipp

Öffentliche und private Institutionen sowie Stiftungen stellen je nach Ausbildung ebenfalls Geld zur Verfügung. Informationen erhalten Sie direkt bei den betreffenden Institutionen, bei den Stipendienberatungsstellen der Hochschulen oder bei den kantonalen Stipendienämtern.

Die Adressen der Stipendienberatungsstellen finden Sie im Internet unter:

www.berufsberatung.ch/dyn/2680.asp **oder unter**

www.crus.ch/mehrspr/aus/stip/Stellen.html

Stipendienrechtlicher Wohnsitz

Stipendiengesuche müssen Sie grundsätzlich in Ihrem Wohnkanton einreichen. Wenn Sie jedoch Gelder für eine Erstausbildung beantragen wollen, müssen Sie das Stipendiengesuch im Wohnkanton Ihrer Eltern einreichen, auch wenn Sie in einem anderen Kanton wohnen. Für die staatliche Finanzierung einer Zweitausbildung besteht in den meisten

Kantonen folgende Regelung: Wenn Sie Ihre Grundausbildung abgeschlossen haben, aufgrund eigener Erwerbstätigkeit finanziell unabhängig sind und seit mindestens zwei Jahren in einem anderen Kanton als Ihre Eltern wohnen, müssen Sie das Gesuch in Ihrem Wohnkanton einreichen.

Fallbeispiel: Stipendienrechtlicher Wohnsitz

Andrea W. arbeitet seit fünf Jahren als Buchhändlerin. Da sich ihre beruflichen Ziele und Wünsche seit ihrer Erstausbildung verändert haben, möchte sie eine Zweitausbildung als Journalistin an einer anerkannten Fachhochschule im Kanton Zürich absolvieren. Andrea W. ist in Bern aufgewachsen und hat dort ihre Lehre als Buchhändlerin durchlaufen. Seit drei Jahren wohnt und arbeitet sie in Winterthur, wo sie auch die Journalistenschule besuchen möchte. Da die junge Frau nach Abschluss ihrer Erstausbildung bereits seit über zwei Jahren im Kanton Zürich wohnt und arbeitet, muss sie die Stipendien in ihrem jetzigen Wohnkanton beantragen.

Gesuch

Um ein Stipendiengesuch auszufüllen und die dazu nötigen Unterlagen zusammenzusuchen, müssen Sie genügend Zeit einberechnen. Warten Sie deshalb nicht zu lange und organisieren Sie Ihr Stipendiengesuch so früh als möglich. Folgendes müssen Sie beachten:

- Rufen Sie bei der kantonalen Stipendienstelle an und fordern Sie die Gesuchsunterlagen wie Anmeldeformular, Stipendiengesetz und -verordnung sowie Merkblätter an. Notieren Sie sich schon vor dem Anruf wichtige Fragen zur Abklärung, vielleicht kann man Ihnen bereits am Telefon sagen, ob Ihr Gesuch überhaupt berücksichtigt werden kann.
- Lesen Sie die Dokumente aufmerksam durch.
- Suchen Sie alle nötigen Unterlagen zusammen. Einreichen müssen Sie in der Regel die Bestätigung der Ausbildungsstätte, Ihre eigenen Steuerbelege und die Ihrer Eltern, das persönliche Budget mit den zu erwartenden Lebensunterhalts- und Ausbil-

dungskosten sowie weitere Dokumente, die über Ihr Einkommen und Ihre Vermögensverhältnisse und die finanzielle Situation Ihrer Eltern Auskunft geben.

- Machen Sie auf alle speziellen Umstände aufmerksam, die nach Ihrer Ansicht eine besondere Geldleistung begründen. Bleiben Sie dabei unbedingt bei der Wahrheit, denn das Vertrauen der Stipendienstelle zu missbrauchen kann Folgen haben: Zu Unrecht bezogene Stipendiengelder müssen meist mit Zinsen zurückbezahlt werden – überdies machen Sie sich strafbar, wenn Sie bei Stipendiengesuchen falsche Angaben machen.
- Schicken Sie Ihr Gesuch termingerecht und vollständig ein. Falls Sie nicht sofort Antwort erhalten, heisst das nicht, dass Ihr Gesuch untergegangen ist oder abgelehnt wurde.

Sie erhalten einen schriftlichen Bescheid, meist verbunden mit einem Hinweis auf Beschwerdemöglichkeiten. Falls Ihr Stipendiengesuch abgelehnt wird, können Sie eine Einsprache oder einen Rekurs erheben. Bevor Sie sich jedoch zu einem solchen Schritt entschliessen, sollten Sie sich bei der Stipendienberatungsstelle nach den Absagegründen und nach weiteren Möglichkeiten erkundigen.

Tipp

Wenn Ihr Gesuch angenommen wurde, denken Sie bereits an Ihre Eingabe für das nächste Jahr.

Tipp

Falls Sie mit Ihrem Antrag auf staatliche Ausbildungszuschüsse abblitzen, gibt es oft Alternativen. Sprechen Sie zum Beispiel mit Ihrem Arbeitgeber über eine Unterstützung. Vor allem grössere Unternehmen bieten in der Regel Möglichkeiten zu internen und externen Weiterbildungen an. Sie können allenfalls auch einen Teil Ihres Erbes vorbeziehen – oder Geld von Verwandten oder Bekannten leihen. Schliessen Sie allerdings auch mit Personen, mit denen Sie ein Vertrauensverhältnis verbindet, stets einen schriftlichen Vertrag ab. Halten Sie darin Punkte wie Betrag, Verwendungszweck, Rückzahlungsmodus und -termin, Ort und Datum fest.

Auszahlung von Stipendien

Genauso unterschiedlich, wie das Stipendienwesen in den Kantonen gehandhabt wird, ist auch die Art der Auszahlung. Informationen über die Auszahlung der Stipendiengelder erhalten Sie zusammen mit der Stipendienverfügung. Das Ihnen zustehende Geld müssen Sie meist bei der Stipendienberatungsstelle beziehen, eventuell ist auch eine Kantonalbank oder die kantonale Staatsbuchhaltung für die Auszahlung verantwortlich. Oft wird die finanzielle Unterstützung in Teilbeträgen bereitgestellt.

Rückerstattungspflicht

Bei Stipendien besteht grundsätzlich keine Rückerstattungspflicht. Falls Sie jedoch die Ausbildungsbeiträge unter Angabe falscher Informationen bezogen haben, sind Sie rückzahlungs- und zinsverpflichtet. Dies gilt in einigen Kantonen auch dann, wenn Sie die Ausbildung ohne wichtigen Grund abbrechen, nicht abschliessen oder wechseln. Als wichtige Gründe gelten Krankheit oder Geburt und Betreuung eines Kindes.

Fallbeispiel: Rückerstattung

Ueli S. studiert im ersten Semester Rechtswissenschaften und erhält dafür ein Stipendium. Das gewählte Studienfach gefällt ihm überhaupt nicht, weshalb er im zweiten Semester auf Medizin überwechselt. Die Stipendienstelle hat für den Wechsel Verständnis und stellt den Zähler nochmals auf null. Sie gibt Ueli S. jedoch zu verstehen, dass bei einem weiteren Studienwechsel ohne wichtige Gründe keine Stipendien mehr gewährt werden. Ueli S. betreibt fleissig sein Studium, nach Abschluss des vierten Semesters will er sich jedoch eine Auszeit gönnen und fährt während der Ferien nach Südamerika. Dort verliebt er sich in die Tochter eines Plantagenbesitzers und verschiebt seine Rückkehr und die Wiederaufnahme seines Studiums. Er lebt von seinen Stipendien und verdient sich auf der Plantage des künftigen Schwiegervaters noch etwas dazu. Zweieinhalb Jahre lang bleibt Ueli S. in Südamerika, sein Studium will er später abschliessen. Ein Unterbruch von mehr als zwei Jahren gilt jedoch meist als Ausbildungsabbruch. Die Stipendienstelle fordert Ueli S. deshalb auf, die bisher bezahlten Ausbildungsbeihilfen zurückzuerstatten.

Berechnungssystem

Die Höhe der Stipendien wird – je nach Kanton – durch ein Fehlbetragsdeckungssystem, ein Punktesystem oder ein Mischsystem berechnet. Beim Fehlbetragsdeckungssystem werden die Kosten für Ausbildung und Lebensunterhalt den Eigenleistungen, die man Ihnen zumuten kann, und den Leistungen Ihrer Eltern gegenübergestellt. Die Stipendien decken den entsprechenden Fehlbetrag. Beim Punktesystem werden Kosten und Leistungen mit Plus- beziehungsweise Minuspunkten bewertet. Der positive Punktesaldo, multipliziert mit einem bestimmten Betrag, ergibt die Höhe des Stipendiums oder Darlehens.

Fallbeispiel: Berechnung I

Roger K. ist 23 Jahre alt und seit zwei Jahren verheiratet. Mit seiner Ehepartnerin Karin K. hat er ein sechs Monate altes Kind, die Familie wohnt gemeinsam mit Rolf K.s Eltern in einem Reiheneinfamilienhaus im Kanton Aargau. Roger K. studiert an einer Fachhochschule Kunst; seine Frau arbeitet zu 20 Prozent als Sekretärin, den Rest der Zeit wendet sie für die Kinderbetreuung auf. Die Familie hat ein Jahreseinkommen von 14 000 Franken. Roger K.s Eltern haben ein Einkommen von 42 000 und ein Vermögen von 120 000 Franken. Während des Studiums erhält Roger K. deshalb jährlich 16 000 Franken Stipendien. Würde die Familie im Kanton Jura wohnen, erhielte der angehende Kunstschaffende 25 000 Franken Stipendien.

Fallbeispiel: Berechnung II

Laura G. ist im dritten Lehrjahr als Landschaftsgärtnerin. Sie hat in der Ausbildung nur einen geringen Lohn: Die 18-Jährige verdient 6000 Franken pro Jahr. Ihre Eltern haben sich vor einiger Zeit scheiden lassen, Laura G. wohnt bei ihrer Mutter im Kanton Basel-Landschaft. Da sie als angehende Landschaftsgärtnerin auf verschiedenen Baustellen arbeitet und viel unterwegs ist, nimmt sie ihr Mittagessen jeweils auswärts ein. Ihre Mutter arbeitet vollzeitlich als KV-Angestellte und kann mit den Unterhaltszahlungen und Alimenten ein steuerbares Einkommen von 45 600 Franken pro Jahr vorweisen. Lauras Vater hat neben einem jährlichen Einkommen von 65 000 Franken ein Vermögen von 100 000 Franken. Laura G. erhält vom Kanton Stipendien in der Höhe von 6600 Franken jährlich. Sie hat Glück, dass sie im Kanton Baselland wohnt: In den Kantonen Zürich, Uri, Schwyz, Ob- und Nidwalden, Glarus, Freiburg, Solothurn, Schaffhausen, Thurgau und Neuenburg bekäme sie gar keine Stipendien.

Tipp

Aufzupassen gilt es in anderen Bereichen einer Aus- und Weiterbildung. Achten Sie zum Beispiel beim Vertrag für eine Weiterbildung auf das Kleingedruckte. Wenn dort ausdrücklich vermerkt ist, dass der Vertrag erst mit der Einzahlung des Kursgeldes gültig wird, ist der Fall klar. Doch meistens tritt der Vertrag bereits mit der Anmeldung in Kraft. Zwar sieht das Gesetz vor, dass man von einem Kursvertrag jederzeit wieder zurücktreten kann – doch kann die Schule Schadenersatz verlangen, wenn eine kurzfristige Kündigung zu finanziellen Einbussen führt.

Studieren im Ausland

Wenn Sie einige Semester im Ausland studieren möchten, haben Sie, obwohl die Schweiz zum Beispiel nicht Mitglied der EU ist, verschiedene Möglichkeiten. Bei offiziellen Austauschprogrammen – etwa ERASMUS und SOKRATES – richtet das Staatssekretariat für Bildung und Forschung SBF sogenannte Mobilitätsstipendien aus. Sie sollen helfen, zusätzliche Aufwendungen wie Reisespesen, Sprachkurse und den Auslandsaufenthalt selbst zu tragen. Mobilitätsstipendien werden höchstens für ein Jahr entrichtet. Wenn Sie bereits staatliche Ausbildungsbeiträge beziehen, werden die Mobilitätsstipendien zusätzlich ausbezahlt. Auch die Schweizer Universitäten halten für ihre Studierenden diverse eigene Auslandsstipendien und Austauschprogramme zur Verfügung.

Weitere Informationen erhalten Sie bei der Rektorenkonferenz der Schweizer Universitäten (CRUS) oder bei der Mobilitäts- und Stipendienberatungsstelle Ihrer Hochschule.

Viele weitere Informationen und Links zum Thema Auslandsstipendien finden Sie im Internet über die Adresse:

www.crus.ch/deutsch/Aus/

Tipp

Bildungsinstitutionen in anderen Ländern gewähren oftmals spezielle Stipendien für Ausländerinnen und Ausländer, die jedoch nicht weltweit ausgeschrieben werden. Fortgeschrittene Studierende und vor allem Forschende sollten sich deshalb bei ihrer Gastinstitution nach den Stipendienmöglichkeiten erkundigen. Auskünfte über eventuelle weitere Stipendien erhalten Sie auch bei den Botschaften der entsprechenden Länder in der Schweiz. Informieren Sie sich zudem bei der Rektorenkonferenz der Schweizer Universitäten (CRUS) und der Stipendienberatungsstelle Ihrer Universität oder Hochschule über Sonderstipendien ausländischer Institutionen.

Forschungsstipendien

Der Schweizerische Nationalfonds (SNF) fördert mit einem breit gefächerten Stipendien- und Beitragsprogramm den wissenschaftlichen Nachwuchs. Dabei stehen Forschungsstipendien für angehende und fortgeschrittene Forschende im Vordergrund. Solche Stipendien werden vor allem für Aus- und Weiterbildungen im Ausland gewährt. Angehende Forschende dürfen dabei nicht älter als 33, fortgeschrittene Forschende nicht älter als 35 Jahre alt sein. Ausnahmen gelten bei Personen mit Betreuungspflichten. Weitere Informationen über die Förderungsmöglichkeiten erhalten Sie beim Schweizerischen Nationalfonds.

Schweizerischer Nationalfonds (SNF)

Wildhainweg 20

Postfach 8232

3001 Bern

Tel. 031 308 22 22, Fax 031 301 30 09

www.snf.ch

Stipendien für Ausländerinnen und Ausländer

Die eidgenössische Stipendienkommission gewährt ausländischen Studierenden Studienbeiträge an Universitäten und Hochschulen in der Schweiz. Es können allerdings nur Studierende mit bereits abgeschlossenem Studium (Postgraduierte) Stipendien beziehen, bei den Fachhochschulen gilt das Mindestniveau Bachelor. Zudem werden gute Kenntnisse in den Unterrichtssprachen Deutsch, Französisch oder Italienisch verlangt, denn nur wenige Schweizer Hochschulen bieten auch Studiengänge in englischer Sprache an. Informieren Sie sich frühzeitig über die Aufnahmeformalitäten bei der Eidgenössischen Stipendienkommission für ausländische Studierende (ESKAS).

Eidgenössische Stipendienkommission

für ausländische Studierende (ESKAS)

Staatssekretariat für Bildung und Forschung SBF

Hallwylstrasse 4

3003 Bern

Tel. 031 323 26 76, Fax 031 323 30 20

eskas@sbf.admin.ch

www.sbf.admin.ch/htm/bildung/stipendien/eskas-d.html

Tipp

Auch Auslandschweizerinnen und -schweizer haben Anspruch auf Stipendien. Die Erteilung regulärer kantonaler Ausbildungsstipendien für Auslandschweizerinnen und -schweizer an schweizerischen Hochschulen oder anderen Bildungsinstitutionen entrichtet der Heimatkanton des Stipendiaten oder der Stipendiatin. Für die berufliche Erstausbildung oder das Studium bietet der Verein zur Förderung der Ausbildung junger Auslandschweizerinnen und -schweizer (AJAS) Informationen. Zudem erhalten Sie bei AJAS Dokumentationen zu Studiengängen, Ausbildungsmöglichkeiten und Amtsstellen. www.aso.ch/deutsch/100.htm

Studienfinanzierung

Neben den kantonalen Stipendienstellen bieten einzelne Hochschulen, Schulen, Institute oder andere Ausbildungsanbieter weitere Unterstützungsmöglichkeiten an – etwa die Vergabe von Stipendien durch die zuständige Kommission der betreffenden Universität. Zum Teil ermöglichen Institutionen einzelnen Studierenden die Ausbildung kostenlos, oder sie ermässigen auf Gesuch hin die Schul- und Studiengelder. Wenden Sie sich dafür an die Stipendienberatung oder -kommission Ihrer Ausbildungsstätte.

Weiterbildung für Arbeitslose

Ausbildungszuschüsse (AZ) sind Teil der arbeitsmarktlichen Massnahmen der Arbeitslosenversicherung und werden Ihnen gewährt, damit Sie eine Grundausbildung nachholen oder aber Ihren Ausbildungsstand den Anforderungen des sich ändernden Arbeitsmarkts anpassen können.

Weitere Informationen dazu erhalten Sie im Kapitel ⸱⸱⸱⸱⸢ Arbeit & Arbeitslosigkeit.

Weitere Adressen und Links

Staatssekretariat für Wirtschaft (seco)
Effingerstrasse 1
3003 Bern
Tel. 031 322 56 56, Fax 031 322 56 00
info@seco.admin.ch
www.seco-admin.ch

Bundesamt für Berufsbildung und Technologie (BBT)
Effingerstrasse 27
3003 Bern
(Tel. 031 322 21 29, Fax 031 324 96 15
info@bbt.admin.ch
www.bbt.admin.ch

Staatssekretariat für Bildung und Forschung (SBF)
Hallwylstrasse 4
3003 Bern
Tel. 031 322 96 91, Fax 031 322 78 54
info@sbf.admin.ch
www.sbf.admin.ch

Rektorenkonferenz der Schweizer Universitäten (CRUS)
Postfach 607
3000 Bern 9
Tel. 031 306 60 36, Fax 031 306 60 50
www.crus.ch

Schweizerische Studienstiftung

Merkurstrasse 45

8032 Zürich

Tel. 044 260 68 80, Fax 044 260 68 84

www.studienstiftung.ch

Auslandschweizer-Organisation (ASO)

Alpenstrasse 26

3006 Bern

Tel. 031 356 61 00, Fax 031 356 61 01

info@aso.ch

www.aso.ch

Adressen der kantonalen Arbeitsvermittlungsstellen:

www.treffpunkt-arbeit.ch

Schweizerische Universitätskonferenz SUK:

www.cus.ch

Eidgenössisches Stiftungsverzeichnis (für Studienbeiträge u. a.):

www.edi.admin.ch/esv/

3 Arbeit & Arbeitslosigkeit

Sie haben die Kündigung erhalten. Oder Sie werden nach Abschluss der Ausbildung in Ihrem Betrieb nicht weiterbeschäftigt. Eine schwierige Situation: Arbeit ist ein wichtiger Teil unseres Lebens. Arbeitslosigkeit hat für viele Betroffene nicht nur finanzielle Einbussen zur Folge, sondern häufig auch soziale oder gesundheitliche Probleme. Und dem Kampf mit dem Arbeitsamt über Arbeitslosengeld, Qualifizierungsmassnahmen oder Versicherungen ist man oft kaum gewachsen. Doch haben Sie in dieser schwierigen Situation Anrecht auf Hilfe vom Staat. Der Staat bietet nicht nur finanzielle Unterstützung für Arbeitslose, er sorgt im Rahmen der Arbeitslosenversicherung auch vor: Mit Beiträgen an Arbeitgeber sollen zum Beispiel Kündigungen wegen schlechten Wetters oder Kurzarbeit verhindert werden. Die Arbeitslosenversicherung gewährt den versicherten Personen ausserdem einen angemessenen Ersatz für Erwerbsausfall wegen Zahlungsunfähigkeit des Arbeitgebers. Ferner werden Massnahmen zur Verhütung und Bekämpfung der Arbeitslosigkeit unterstützt. Und schliesslich hilft Ihnen die Arbeitslosenversicherung auch mit arbeitsmarktlichen Massnahmen wie zum Beispiel Kursen, Ausbildungspraktika oder Motivationssemestern, dass Sie in der sich ständig verändernden Arbeitswelt den Anschluss nicht verlieren.

Aber nicht nur wenn Sie arbeitslos sind, bietet der Staat Ihnen Hilfe an, er garantiert Ihnen auch gewisse Rechte, wenn Sie eine Stelle haben. So besteht etwa ein besonderer Kündigungsschutz für die Zeit des Militär- oder Zivildienstes, bei Krankheit und Unfall sowie bei Schwangerschaft.

Dieses Kapitel informiert Sie über Ihre Rechte und Pflichten als Arbeitsloser oder Arbeitnehmer und zeigt Ihnen, bei welchen Stellen sie Unterstützung erhalten.

Arbeitslosenversicherung (ALV)

Die Arbeitslosenversicherung (ALV) gehört zu den schweizerischen Sozialversicherungen. Sie schützt die versicherten Personen bei Arbeitslosigkeit durch einen angemessenen finanziellen Ersatz. Alle Personen, die in der Schweiz eine unselbstständige Erwerbstätigkeit ausüben und durchschnittlich mindestens 500 Franken pro Monat verdienen, sind automatisch gegen Arbeitslosigkeit versichert. Keinen Anspruch auf Arbeitslosengelder haben hingegen Selbstständigerwerbende. Ebenfalls keinen Anspruch auf Gelder aus der ALV haben leitende Angestellte, welche die Entscheidungen des Arbeitgebers bestimmen oder massgeblich beeinflussen. Dazu gehören zum Beispiel Gesellschafter einer AG oder GmbH, finanziell am Betrieb beteiligte Arbeitnehmerinnen und Arbeitnehmer oder Mitglieder eines obersten betrieblichen Entscheidungsgremiums sowie ihre mitarbeitenden Ehepartnerinnen und -partner. Der Anspruch auf Arbeitslosengelder endet zudem, wenn das ordentliche AHV-Alter erreicht wird oder beim Bezug einer Altersrente der AHV.

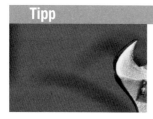

Tipp

Wenn Ihnen kurz vor der Pensionierung gekündigt wird, sollten Sie wenn möglich nicht vorzeitig von Ihrer AHV-Rente Gebrauch machen. Sie verlieren Ihren Anspruch auf Arbeitslosentaggeld, wenn Sie als Frühpensionär die AHV-Rente beziehen. Zudem wird Ihre Rente bei einem früheren Bezug stark gekürzt.

Beiträge an die ALV

Die Beiträge an die ALV werden je zur Hälfte von den Arbeitnehmerinnen und Arbeitnehmern und den Arbeitgebern getragen. Bis zu einem Jahreseinkommen von 106 800 Franken werden zwei Prozent des Jahreslohns oder höchstens 2136 Franken jährlich an die ALV bezahlt. Die Lohnsumme, die das Jahreseinkommen von 106 800 Franken übersteigt, ist nicht mehr versichert und wird auch von der Beitragspflicht nicht erfasst. Die Begrenzung der Beitragshöhe gilt für jedes einzelne Arbeitsverhältnis. Wenn Sie also für zwei Arbeitgeber tätig sind, müssen Sie zweimal Beiträge bezahlen, auch wenn das gesamte Einkommen über 106 800 Franken liegt.

Die Arbeitgeber müssen die ALV-Beiträge, die sie vom Lohn ihrer Angestellten abziehen, zusammen mit ihren eigenen Beiträgen abliefern, gleichzeitig mit den Beiträgen an die Alters- und Hinterlassenenversicherung (AHV), die Invalidenversicherung (IV) und die Erwerbsersatzordnung (EO). Entsprechende Abrechnungsformulare können Sie als Arbeitgeber bei Ihrer Ausgleichskasse beziehen. Die Ausgleichskassen überwachen auch die Abrechnungen und Einzahlungen. Als Arbeitgeber sind Sie dafür verantwortlich, dass die Beiträge an die ALV korrekt abgerechnet werden. Wenn Sie die Beiträge vom Lohn Ihrer Angestellten nicht abziehen, müssen Sie damit rechnen, dass sie neben dem eigenen Arbeitgeberbeitrag auch den Beitrag Ihrer Arbeitnehmer zahlen müssen.

Leistungen aus der ALV

Arbeitslosenentschädigung ALE

Die ALE ist Teil der Arbeitslosenversicherung und ersetzt Ihnen bei Arbeitslosigkeit 70 Prozent Ihres bisherigen Lohns, maximal jedoch 8900 Franken monatlich. Bei einer Unterhaltspflicht gegenüber Kindern, einem versicherten Monatslohn unter 3797 Franken oder Invalidität erhalten Sie 80 Prozent Ihres Gehalts. Sie haben nur ein Recht auf ALE, wenn Sie ...

- ganz oder teilweise arbeitslos sind. Versichert sind Sie auch, wenn Sie zwar eine Teilzeitstelle haben, aber auf der Suche nach einer Vollzeit- oder einer weiteren Teilzeitbeschäftigung sind. Als arbeitslos gelten Sie erst, wenn Sie sich bei Ihrer Wohngemeinde oder beim zuständigen regionalen Arbeitsvermittlungszentrum RAV persönlich gemeldet haben – und zwar spätestens am ersten Tag, für den Sie Arbeitslosenentschädigung beantragen.
- einen Mindestausfall von wöchentlich zwei Arbeitstagen und eine Lohneinbusse nachweisen können.
- in der Schweiz wohnen bzw. als Ausländer oder Ausländerin eine gültige Niederlassungs- oder Aufenthaltsbewilligung vorweisen können. Wenn Sie im Ausland wohnen und in der Schweiz arbeiten, beziehen Sie Ihre ALE im Wohnsitzland nach den dort gültigen Vorschriften.
- die obligatorische Schulzeit absolviert haben und weder das reguläre Rentenalter erreicht haben noch eine Altersrente der AHV beziehen.
- bereit, berechtigt und in der Lage sind, eine zumutbare Arbeit anzunehmen und an entsprechenden Eingliederungsmassnahmen teilzunehmen.
- entsprechend den Anordnungen des RAV persönlich am Informationstag und an den Beratungs- und Kontrollgesprächen teilnehmen. Sie müssen zudem alles Zumutbare unternehmen, um die Arbeitslosigkeit zu vermeiden oder zu verkürzen.
- nachweisen können, dass Sie innerhalb der letzten zwei Jahre vor der Erstanmeldung mindestens zwölf Beitragsmonate als Arbeitnehmerin oder Arbeitnehmer gearbeitet haben. Als Beitragszeit gilt auch, wenn Sie in einem EU- oder EFTA-Staat gearbeitet und nach der Einreise in die Schweiz eine beitragspflichtige Beschäftigung ausgeübt haben. Kehren Sie aus Deutschland zurück, gilt aufgrund eines besonderen Abkommens eine Sonderregelung. Die in Deutschland zurückgelegten Beitragszeiten

werden in der Schweiz voll angerechnet. Das Arbeitslosengeld, das Sie in Deutschland bezogen haben, wird bei der Festsetzung der Bezugsdauer in der Schweiz berücksichtigt und kann unter Umständen Ihren Anspruch schmälern. Ihr versicherter Verdienst wird aufgrund des in Deutschland erzielten Lohnes berechnet.

- Militär-, Zivil- und Schutzdienst absolviert haben – ein solcher Dienst gilt ebenfalls als Beitragszeit. Im Ausland absolvierter Militärdienst von niedergelassenen Ausländern zählt hingegen nicht dazu.

Bei fehlender Beitragszeit sind Sie unter anderem dann versichert, wenn Sie während insgesamt mehr als zwölf Monaten aus folgenden Gründen nicht in einem Arbeitsverhältnis stehen konnten:

- Ausbildung, sofern Sie davor während mindestens zehn Jahren in der Schweiz gewohnt haben;
- Krankheit, Unfall oder Mutterschaft, sofern Sie während dieser Zeit in der Schweiz wohnten;
- Aufenthalt in einer schweizerischen Haft- und Arbeitserziehungsanstalt oder einer ähnlichen Institution;
- Arbeitsaufenthalt von über einem Jahr ausserhalb eines EU- oder EFTA-Staats.

Taggelder

Damit Sie Taggelder beziehen können, sollten Sie sich so schnell als möglich bei Ihrer Wohngemeinde oder beim RAV persönlich melden. In diesen Anlaufstellen erhalten Sie zudem eine Liste von Arbeitslosenkassen in Ihrem Kanton zur freien Wahl. Die Arbeitslosenkasse ist für die Auszahlung der Taggelder zuständig. Das Arbeitslosenversicherungsgesetz setzt die maximale Bezugsdauer von Taggeldern in der Regel mit einer zweijährigen Rahmenfrist fest. Stichtag für den Beginn dieser Rahmenfrist für den Leistungsbezug ist der erste Tag, an dem Sie alle Anspruchsvoraussetzungen erfüllen (⟶ Arbeitslosenentschädigung ALE, S. 55). Die Dauer der Entschädigung hängt von der Beitragszeit und teilweise vom Alter ab. Der Bezug von Taggeldern ist beschränkt, Sie haben Anspruch auf höchstens ...

- 400 Taggelder, wenn Sie in den letzten zwei Jahren vor diesem Stichtag während mindestens zwölf Monaten im Angestelltenverhältnis gearbeitet haben.

- 520 Taggelder, wenn Sie in den letzten zwei Jahren vor diesem Stichtag während mindestens 18 Monaten im Angestelltenverhältnis gearbeitet haben und über 55 Jahre alt sind.

- Ebenfalls 520 Taggelder, wenn Sie in den letzten zwei Jahren vor diesem Stichtag während mindestens 18 Monate im Angestelltenverhältnis gearbeitet haben und eine Rente der Invalidenversicherung oder der Suva beziehen.

- 520 Taggelder schliesslich auch dann, wenn Sie innerhalb der letzten vier Jahre vor Erreichen des AHV-Alters arbeitslos geworden sind.

Der Umfang der Auszahlungen hängt von der Höhe des Gehalts ab und wird von der Arbeitslosenkasse normalerweise aufgrund der Einkommen der letzten sechs Monate festgesetzt.

Fallbeispiel: Errechnung des Taggelds

Günther H. arbeitet nach seiner Ausbildung während zwei Jahren als Verkäufer in einem Herrenbekleidungsgeschäft. Er wird unverschuldet arbeitslos und meldet sich sofort beim RAV in seiner Gemeinde an. Günther H. sucht nun intensiv nach einer Stelle. Während seiner Stellensuche hat er Anrecht auf ein Taggeld aus der Arbeitslosenentschädigung. Er hat nicht nur für sich selbst zu sorgen, sondern bezahlt auch Alimente für seinen dreijährigen Sohn. Sein versicherter Verdienst der letzten sechs Monate beträgt durchschnittlich 4500 Franken. Da eine Unterhaltspflicht gegenüber einem Kind besteht, wird Günther H. 80 Prozent des Lohnes vergütet, statt nur 70 Prozent wie Arbeitslosen ohne Unterhaltspflicht. Die Berechnung für Günther H.s Taggeld sieht folgendermassen aus: versicherter Verdienst geteilt durch den Durchschnitt Werktage pro Monat mal 80 Prozent: 4500 Franken : 21,7 Tage × 0.8 = 165.90 Franken. Günther H. erhält also während seiner Arbeitslosigkeit ein Bruttotaggeld von 165.90 Franken.

Arbeitslosenkasse

Die Taggelder werden von den Arbeitslosenkassen ausbezahlt. Die Kassen prüfen zudem Ihre Anspruchsvoraussetzungen als Versicherter im Rahmen des Arbeitslosenversicherungsgesetzes und sind für die monatliche Zahlung verantwortlich. Die Arbeitslosenkassen entrichten somit Gelder als Arbeitslosen-, Schlechtwetter-, Kurzarbeits- und Insolvenzentschädigung und vergüten unter anderem auch Ausbildungs- und Einarbeitungszuschüsse. Sie können Ihre Arbeitslosenkasse frei wählen – neben den kantonalen stehen auch private Arbeitslosenkassen von Arbeitnehmer- und Arbeitgeberorganisationen zur Verfügung. Nur die Vergütung der Insolvenzentschädigung wird ausschliesslich durch die öffentlichen Kassen abgewickelt. Wenn Sie die erforderlichen Unterlagen rechtzeitig abgeben, bezahlt die Arbeitslosenkasse nach Möglichkeit die Taggelder für jeden Monat im Lauf des folgenden Monats aus. Sie erhalten dazu eine schriftliche Abrechnung.

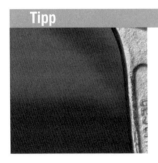

Tipp

Solange Sie Arbeitslosenunterstützung beziehen, sind Sie für die Kosten von Heilbehandlungen und gegen Einkommensausfall durch Unfall versichert. Wenn jedoch der Anspruch auf Arbeitslosengeld erlischt und Sie noch keine neue Stelle haben, endet 30 Tage später auch der Unfallversicherungsschutz. Wenden Sie sich für die Fortführung Ihrer Versicherung deshalb rechtzeitig an den Unfallversicherer oder an Ihre Krankenkasse.

Tipp

Die private Altersvorsorge (Säule 3a) erweist sich für viele Arbeitslose als Finanzfalle. Im Unterschied zu einem Säule-3a-Konto bei einer Bank besteht bei den Säule-3a-Angeboten der Versicherungen eine Einzahlungspflicht, die sich viele Arbeitslose nicht mehr leisten können. Oft bleibt einem darum nur die Lösung, auf den Versicherungsschutz zu verzichten und die Umwandlung der Police in eine prämienfreie Lösung zu verlangen, was jedoch mit hohen finanziellen Einbussen verbunden ist. Richten Sie deshalb die dritte Säule bei einer Bank ein.

Selbst kündigen

Gerade in sehr belasteten Arbeitsverhältnissen – zum Beispiel bei schlechter Behandlung, miserablen Arbeitsbedingungen oder Mobbing – schieben viele Arbeitnehmerinnen und Arbeitnehmer die Probleme hinaus, bis es nicht mehr geht und eine Kündigung oftmals der letzte Ausweg ist. Falls Sie jedoch selbst kündigen, riskieren Sie, als «selbstverschuldet arbeitslos» eingestuft zu werden. So können Sie etwa durch Einstelltage Taggelder verlieren.

Kurzarbeitsentschädigung

Von Kurzarbeit sprechen wir, wenn ein Betrieb die Arbeit vorübergehend reduziert oder ganz einstellt. Falls Ihr Vorgesetzter Ihnen Kurzarbeit vorschreibt, deckt die ALV über einen gewissen Zeitraum einen Teil der Lohnkosten. So soll verhindert werden, dass infolge einer kurzfristig schlechten Auftragslage die Arbeitnehmenden ihre Stelle verlieren.

Der Lohnausfall, der sich aus der Kurzarbeit ergibt, wird zu 80 Prozent für maximal zwölf Monate innerhalb von zwei Jahren vergütet. Der Arbeitgeber ist verpflichtet, die Löhne vorzuschiessen, das heisst, sie am ordentlichen Zahlungstermin auszuzahlen. Denn im Gegensatz zur Arbeitslosenentschädigung werden die Gelder bei Kurzarbeit direkt an den Arbeitgeber überwiesen. Damit Kurzarbeitsentschädigungen ausbezahlt werden, muss der Arbeitgeber mindestens zehn Tage vor Einführung der Kurzarbeit bei der kantonalen Amtsstelle schriftlich die geplante Kurzarbeit melden. Falls er nachweisen kann, dass die Kurzarbeit wegen nicht voraussehbarer Umstände eingeführt werden musste, genügt ausnahmsweise eine dreitägige Voranmeldefrist. Zuständig ist jeweils die Amtsstelle jenes Kantons, in dem der Betrieb seinen Sitz hat. Mit der Voranmeldung wird auch die zuständige Kasse gewählt. Einen Anspruch auf die Entschädigung kann der Arbeitgeber jedoch nur für jene Mitarbeitenden geltend machen, welche die obligatorische Schulzeit abgeschlossen und das AHV-Rentenalter noch nicht erreicht haben. Nicht anspruchsberechtigt sind auch Arbeitnehmer, die

- in einem gekündigten oder befristeten Arbeitsverhältnis stehen,
- auf Abruf angestellt sind,
- eine Lehre absolvieren,
- temporär angestellt sind,
- keinen bestimmbaren Ausfall erleiden oder deren Arbeitszeit nicht ausreichend kontrollierbar ist,
- in einer arbeitgeberähnlichen Funktion angestellt sind, zum Beispiel als Geschäftsführer.

Schlechtwetterentschädigung

Die Schlechtwetterentschädigung deckt den Lohnausfall von Arbeitnehmerinnen und Arbeitnehmern, die bei schlechtem Wetter ihre Arbeit zwingend nicht verrichten können. Betroffen sind häufig Unternehmen aus dem Hoch- und Tiefbau.

Der Arbeitgeber muss der kantonalen Amtsstelle den Arbeitsausfall spätestens am fünften Tag des folgenden Kalendermonats melden. Dabei muss für jede Baustelle ein separates Formular eingereicht werden. Auf gut Glück kann man jedoch keine Schlechtwetterentschädigung verlangen: Die kantonale Amtsstelle überprüft anhand eines meteorologischen Kalenders oder anderer geeigneter Unterlagen, ob die Arbeitsausfälle auch wirklich auf die schlechte Witterung zurückzuführen waren.

Der Lohnausfall, der sich durch die wetterbedingte Einstellung der Arbeit ergeben hat, wird zu 80 Prozent während maximal sechs Monaten innerhalb von zwei Jahren bezahlt. Die Schlechtwetterentschädigung wird direkt an den Arbeitgeber ausbezahlt. Dieser ist denn auch verpflichtet, die Löhne vorzuschiessen, das heisst, sie am ordentlichen Zahlungstermin auszuzahlen. Wie bei der Kurzarbeitsentschädigung gibt es beim Anspruch auf Schlechtwetterentschädigung Einschränkungen (⸱⸱⸱⸱> Kurzarbeitsentschädigung, S.59).

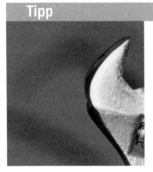

Tipp

Auch während der Kurzarbeit oder bei einem von der ALV anerkannten Arbeitsausfall wegen schlechten Wetters muss der Arbeitgeber die vollen Prämien für die obligatorische Unfallversicherung entsprechend der normalen Arbeitszeit entrichten, also auf 100 Prozent des Lohns. Dabei können die Arbeitgeber die ganzen Beitragsanteile der Angestellten vom Salär abziehen. Ihre eigenen, während dieser Zeit anfallenden Beiträge erhalten die Arbeitgeber von der Arbeitslosenkasse vergütet.

Insolvenzentschädigung

Kann der Arbeitgeber ausstehende Löhne seiner Mitarbeiterinnen und Mitarbeiter nicht mehr bezahlen, deckt die Arbeitslosenversicherung unter bestimmten Voraussetzungen deren Lohnforderungen. Die Insolvenzentschädigung beträgt 100 Prozent der anerkannten Lohnforderung der letzten vier Monate des Arbeitsverhältnisses. Sofern Sie Anspruch auf einen 13. Monatslohn oder eine Gratifikation haben, wird auch dieser anteilsmässig berücksichtigt. Maximal kann jedoch höchstens ein Verdienst von 8 900 Franken entschädigt werden.

Sie haben als Arbeitnehmerin oder Arbeitnehmer Anspruch auf Insolvenzentschädigung, wenn:

- gegen den Arbeitgeber der Konkurs eröffnet wird und Sie noch Lohn zugute haben;
- der Konkurs nicht eröffnet wird, da infolge offensichtlicher Überschuldung kein Gläubiger bereit ist, die Kosten vorzuschiessen;
- Sie als Angestellte oder Angestellter mit einem Pfändungsbegehren gegen Ihren Arbeitgeber Ihren Lohn eingefordert haben.

Insolvenzentschädigungen werden direkt an die Arbeitnehmerinnen und Arbeitnehmer ausbezahlt, und zwar von der öffentlichen Arbeitslosenkasse jenes Kantons, in dem der Arbeitgeber seinen Wohn- oder Geschäftssitz hat. Damit Sie Ihren Anspruch nicht verlieren, müssen Sie als geschädigter Arbeitnehmer oder als Arbeitnehmerin schon vor Beendigung des Arbeitsverhältnisses die nötigen Schritte unternehmen (Löhne einfordern, Kündigungsandrohung) und insbesondere auch danach (Betreibung). Und zwar spätestens:

- 60 Tage nach Veröffentlichung des Konkurses, der Nachlassstundung oder eines richterlichen Konkursaufschubs im Schweizerischen Handelsamtsblatt,
- nach Ablauf eines Jahres seit der Zustellung eines Zahlungsbefehls in Fällen, in denen der Konkurs nicht eröffnet wurde;
- 60 Tage nach Vollzug einer Pfändung.

Halten Sie diese Fristen nicht ein, erlischt Ihr Anspruch auf Insolvenzentschädigung, denn sie kann nicht erstreckt werden.

Die Arbeitslosenversicherung in Zahlen

Da die Zahl der Arbeitslosen bis ins Jahr 2004 wieder stetig gestiegen ist und erst seit 2005 ein leichter Rückgang erfolgte, konnte die ALV in den letzten Jahren nicht mehr allein durch Lohnprozente finanziert werden. Der Fonds der Arbeitslosenversicherung (ALV-Fonds) musste in den Jahren 2004 und 2005 Darlehen von 2 Milliarden beziehungsweise 1,8 Milliarden Franken beim Bund aufnehmen. Das Budget sieht zudem für die Jahre bis 2008 weitere Darlehen des Bundes in der Höhe von insgesamt 2,6 Milliarden Franken vor.

Entschädigung an Arbeitslose: Im Jahr 2005 sind insgesamt 4,6 Milliarden Franken Entschädigung – inklusive Taggelder – an Arbeitslose in der Schweiz ausgerichtet worden. Im Vergleich zum Vorjahr ist diese Summe um 8,06 Prozent gesunken, die Arbeitslosenquote verringerte sich dabei von 3,9 auf 3,8 Prozent.

Arbeitsmarktliche Massnahmen: 679,7 Millionen Franken wurden im Jahr 2005 für arbeitsmarktliche Massnahmen wie Kurse, Ausbildungspraktika oder Motivationssemester ausbezahlt. Im Vergleich zum Vorjahr waren dies 3,8 Millionen weniger.

Verwaltungskosten: Um 16,7 Millionen Franken stiegen im Jahr 2005 im Vergleich zum Vorjahr die Verwaltungskosten der Arbeitslosenkassen, der RAV, der Logistikstelle arbeitsmarktlicher Massnahmen, der kantonalen Amtsstellen, der Zentralen Ausgleichsstelle des ALV-Fonds und der ALV-Kassen sowie der Zentralen Ausgleichsstelle für das Inkasso der ALV-Lohnbeiträge. Der ALV-Fonds wendete für die Verwaltungskosten im Jahr 2005 607,3 Millionen Franken auf.

Rückerstattung: Die Beitragsrückerstattungen für Grenzgänger beliefen sich im Jahr 2005 auf 198,4 Millionen Franken. Im Vergleich zum Vorjahr waren das 1,7 Millionen Franken mehr.

Arbeitsmarktliche Massnahmen

Der Staat bietet bei Arbeitslosigkeit nicht nur finanzielle Unterstützung, sondern hilft Ihnen auch, die schwierige Situation zu überbrücken und den Weg ins Berufsleben wiederzufinden. So können Sie Ihre Kenntnisse verbessern, sich bezüglich moderner Techniken weiterbilden, neue Kontakte knüpfen und sich ganz einfach auf dem Laufenden halten. Gemäss dem Arbeitslosenversicherungsgesetz (AVIG) sollen die Kantone durch arbeitsmarktliche Massnahmen eine rasche Wiedereingliederung in den Arbeitsmarkt ermöglichen. Zu den vorgesehenen Massnahmen gehören:

- Kurse,
- Programme zur vorübergehenden Beschäftigung,
- Motivationssemester,
- Ausbildungspraktika,
- Berufspraktika,
- Beschäftigung in Übungsfirmen,
- Gewährung von Einarbeitungszuschüssen,
- Ausbildungszuschüssen,
- Pendlerkosten- und Wochenaufenthalterbeiträgen,
- Förderung der selbstständigen Erwerbstätigkeit.

Wenn Sie solche Eingliederungsangebote wahrnehmen, bezahlt Ihnen die Arbeitslosenkasse Taggelder. Ausgenommen sind Einarbeitungszuschüsse, Ausbildungszuschüsse sowie Pendlerkosten- und Wochenaufenthalterbeiträge. Um eines der Angebote nutzen zu können, müssen Sie arbeitslos oder von Arbeitslosigkeit bedroht sein und sich bei einem Regionalen Arbeitsvermittlungszentrum (RAV) anmelden. Sie sind jedoch in der Regel verpflichtet, auch während der Dauer einer arbeitsmarktlichen Massnahme aktiv eine Stelle zu suchen. Dies gilt allerdings nur dann, wenn die Stellensuche mit dem Besuch der verschiedenen Weiterbildungsmöglichkeiten zu vereinbaren ist. Ob dies der Fall ist, entscheidet das RAV.

Kurse

Eine Weiterbildung mit qualifizierten Fachpersonen hilft Ihnen, Ihre beruflichen Fähigkeiten zu verbessern und auf den neusten Stand zu bringen. Dadurch haben Sie einen klaren Wettbewerbsvorteil bei der Bewerbung auf eine neue Arbeitsstelle. Je nach erlerntem Beruf steht Ihnen eine Vielzahl von Kursen zur Auswahl. In den folgenden Bereichen gibt es zahlreiche Weiterbildungsmöglichkeiten:

- Standortbestimmung und Bewerbungstechniken,
- Informatik,
- Sprachen,
- kaufmännische Weiterbildung,
- Technik,
- Gastronomie und Hotellerie.

Damit Sie Ihre Chancen auf dem Arbeitsmarkt optimal verbessern können, ermittelt das RAV nach Absprache mit Ihnen den für Sie am besten geeigneten Kurs. Die Arbeitslosenversicherung (ALV) übernimmt die Kurskosten, die anfallenden Materialkosten und je nachdem auch die Anreisekosten zwischen Wohn- und Kursort. Falls für den Kursbesuch Übernachtungen ausser Haus notwendig sind, beteiligt sich die ALV auch an Verpflegungs- und Unterkunftskosten.

Programme zur vorübergehenden Beschäftigung

Sind Sie arbeitslos und beim RAV angemeldet, so haben Sie die Möglichkeit, während einer gewissen Zeit an einem Programm zur vorübergehenden Beschäftigung teilzunehmen. Diese Programme werden in verschiedenen Bereichen angeboten. So können Sie in Ihrem angestammten Berufszweig neue Erfahrungen sammeln und Ihre Kenntnisse auffrischen. Es werden unter anderem in den folgenden Bereichen Programme angeboten:

- Natur und Umweltschutz,
- Sozialeinsätze mit Kindern und Betagten,
- Recycling,
- Arbeiten in der Verwaltung.

Die Programme zur vorübergehenden Beschäftigung dauern bis zu sechs Monaten, in speziellen Fällen können sie jedoch verlängert werden. Dies ist aber nur mit der Einwilligung des zuständigen RAV möglich. Die Arbeitszeiten sind dieselben wie in der Privatwirtschaft. Sie haben zudem die Möglichkeit, während der ganzen Programmdauer einen Kurs zu besuchen. Auch dafür ist jedoch die Einwilligung des RAV notwendig.

Sie erhalten zwar während der Teilnahme an einem Programm zur vorübergehenden Beschäftigung keinen Lohn, haben aber Anrecht auf Taggelder, deren Höhe von Ihrem versicherten Verdienst abhängt.

Motivationssemester

Das Motivationssemester spricht vor allem Jugendliche an, die nach der obligatorischen Schulzeit noch keine Lehrstelle gefunden oder ihre Ausbildung abgebrochen haben. Zusammen mit anderen Jugendlichen in ähnlicher Situation können Sie hier während sechs Monaten Ihre berufliche Zukunft mit mehr Klarheit planen. Während des Motivationssemesters erhalten Sie Einblick in die verschiedenen Aspekte der Arbeitswelt und behandeln Themen wie Arbeitsvertrag, Lohn oder Arbeitszeiten. Es werden ausserdem schulische Lücken geschlossen.

Sie können in dieser Zeit das Erlernte auch praktisch umsetzen. Die Motivationssemester funktionieren dabei wie eine kleine Firma: Der Tagesverantwortliche verteilt etwa die Arbeiten, die erledigt werden müssen. Qualifizierte Programmleiter führen Sie sicher und in kleinen Schritten durch das Motivationssemester und an die verschiedenen Themen heran. So wird es für Sie einfacher, den richtigen Weg in die Berufswelt zu wählen.

Für den Besuch eines Motivationssemesters müssen Sie beim RAV angemeldet sein. Sie bekommen monatlich einen durchschnittlichen Betrag von 450 Franken ausbezahlt. Dieser «Lohn» liegt nur dann höher, wenn Ihr versicherter Verdienst dies erlaubt.

Ausbildungspraktika

Das Ausbildungspraktikum gibt Ihnen die Gelegenheit, Ihre beruflichen Kenntnisse punktuell zu verbessern, so dass sie den Anforderungen des Arbeitsmarktes besser entsprechen. Die Dauer des Praktikums wird entsprechend Ihren Bedürfnissen vom RAV festgelegt, es dauert aber meist nicht länger als drei Monate.

Sie erhalten während des Praktikums Taggelder, und je nachdem übernimmt die ALV die Anreisekosten zwischen Wohn- und Praktikumsort. Falls Sie dafür auswärts übernachten müssen, beteiligt sich die ALV auch an den Kosten für Essen und Unterkunft.

Berufspraktika

Das Berufspraktikum kann bis zu sechs Monaten dauern und richtet sich vor allem an Stellensuchende, die über wenig Berufserfahrung verfügen. Ein Zielpublikum von Berufspraktika sind beispielsweise Lehrabgänger und Lehrabgängerinnen, die nach der abgeschlossenen Ausbildung vergeblich eine Stelle gesucht haben. Um erste Berufserfahrungen zu sammeln, können Sie in der öffentlichen Verwaltung oder in einem privaten Unternehmen ein Berufspraktikum absolvieren. Dies ist bei der Arbeitssuche hilfreich. Von einem Berufspraktikum können Sie auch profitieren, wenn Sie trotz Arbeitserfahrung keine Stelle finden. In diesem Fall kann Ihnen ein Praktikum helfen, mit der Arbeitswelt in Kontakt zu bleiben und Ihre Kenntnisse zu erweitern. Das zuständige RAV wird mit Ihnen die Situation prüfen und dann entscheiden, was zu tun ist.

Während eines Berufspraktikums können Sie Taggelder beziehen, deren Höhe von Ihrem versicherten Lohn abhängt. Wenn Sie eine Stelle finden, müssen Sie das Praktikum umgehend abbrechen.

Übungsfirmen

Das Arbeiten in einer Übungsfirma basiert auf dem Prinzip *learning by doing,* also dem Lernen während der Arbeit. So können Sie in einem wirklichkeitsnahen Umfeld Berufserfahrungen sammeln und Neues lernen. Dies verbessert Ihre Chancen, rasch in den Arbeitsmarkt einzusteigen. In der Schweiz gibt es rund 40 Übungsfirmen, die sich vor allem kaufmännischen Tätigkeiten wie Einkauf, Verkauf, Marketing, Finanzen und Buchhaltung widmen. Der Besuch in einer Übungsfirma kann bis zu sechs Monaten dauern. Sie erhalten während Ihres Einsatzes Taggelder.

Einarbeitungszuschüsse

Falls Ihre Berufskenntnisse nicht mehr auf dem neuesten Stand sind oder Sie bereits 150 Taggelder bezogen haben, können Sie von Einarbeitungszuschüssen profitieren. Diese Gelder werden dem Arbeitgeber bis zu sechs Monaten ab Beginn Ihrer Anstellung ausbezahlt. Ausnahmsweise kann die Dauer der Zahlungen bis auf zwölf Monate verlängert werden.

Einarbeitungszuschüsse sollen Anstoss für einen Neubeginn geben, das heisst: Ärmel hochkrempeln, Informationen sammeln und Initiative zeigen. Setzen Sie die Arbeitgeber, mit denen Sie bereits Kontakt haben, über die Möglichkeit von Zuschüssen in Kenntnis. Denn dies kann ein wichtiger Schritt sein auf dem Weg zu einer neuen Anstellung.

Anfangs betragen die Zuschüsse höchstens 60 Prozent Ihres Monatslohns. Sie decken die Differenz zwischen dem Lohn, der Ihnen für die geleistete Arbeit ausbezahlt wird, und dem orts- und branchenüblichen Verdienst, der Ihnen laut Vertrag nach Ablauf der Einarbeitungszeit zusteht. Da Ihre Leistungen immer besser werden, je länger Sie im Betrieb arbeiten, werden die Zuschüsse allmählich reduziert. Das heisst: Die finanzielle Hilfe wird dem Arbeitgeber nach jedem Drittel der Einarbeitungszeit um ein Drittel gekürzt. Die Einarbeitungszuschüsse werden Ihrem Arbeitgeber ausbezahlt, der sie dann zusammen mit dem Lohn an Sie überweist.

Einarbeitungszuschüsse müssen Sie bei Ihrem zuständigen RAV mit einem Gesuch beantragen. Erst dann erhalten Sie die entsprechenden Formulare und – falls notwendig – auch Hilfe beim Ausfüllen des Antrags. Den Antrag müssen Sie mindestens zehn Tage vor Stellenantritt abgeben. Wenn Sie die Unterlagen zu spät einreichen, werden die Leistungen gekürzt und die Zuschüsse erst ab dem Tag bezahlt, an dem Sie das Gesuch eingereicht haben.

Ausbildungszuschüsse

Ausbildungszuschüsse werden Ihnen gewährt, damit Sie eine Grundausbildung nachholen oder Ihre Ausbildung den Anforderungen des sich ändernden Arbeitsmarkts anpassen können. Sie können Ausbildungszuschüsse beantragen, wenn Sie

- als arbeitslos gemeldet sind,
- mindestens 30 Jahre alt sind,
- keine abgeschlossene berufliche Ausbildung haben,
- im erlernten Beruf erhebliche Schwierigkeiten haben, eine Stelle zu finden.

Um Zuschüsse zu beantragen, müssen Sie mit einem Ausbildungs- oder Lehrvertrag nachweisen können, dass Sie eine Ausbildung antreten. Finanziert werden nur Ausbildungen, die mit einem eidgenössischen oder kantonalen Fähigkeitszeugnis abgeschlossen werden können. Bezahlt werden die Ausbildungszuschüsse für die Dauer des Lehrverhältnisses. In der Regel sind dies drei Jahre. Wenn Sie Ausbildungszuschüsse beantragen wollen, müssen Sie sich spätestens acht Wochen vor Ausbildungsbeginn beim Kantonalen Amt für Industrie, Gewerbe und Arbeit (KIGA) melden. Folgende Formulare müssen eingereicht werden:

- Gesuch um Ausbildungszuschüsse (kann beim RAV oder beim KIGA bezogen werden),
- Bestätigung des Arbeitgebers betreffend Ausbildung,
- Ausbildungsvertrag,
- Formular betreffend Familienunterhaltskosten.

Die Höhe der Ausbildungszuschüsse entspricht der Differenz zwischen dem im Arbeitsvertrag festgelegten Bruttolohn und einem Höchstbetrag von 3500 Franken. Die Ausbildungszuschüsse werden zusammen mit dem vereinbarten Lohn von Ihrem Arbeitgeber ausbezahlt und diesem jeweils nach Einreichen der monatlichen Bescheinigung von der Arbeitslosenkasse zurückerstattet.

Pendlerkosten- und Wochenaufenthalterbeiträge

Unter Umständen müssen Sie für eine neue Arbeitsstelle lange Anfahrtswege in Kauf nehmen. Zug- oder Autofahrten wie auch ein zusätzliches Wohndomizil können arg aufs Portemonnaie schlagen. Falls Sie deshalb gegenüber Ihrer letzten Arbeit finanzielle Einbussen erleiden, erhalten Sie von der ALV Unterstützung in Form von Pendlerkosten- oder Wochenaufenthalterbeiträgen.

Die Pendlerkostenbeiträge decken die täglich notwendigen Fahrtkosten im Inland zum Arbeitsplatz ab. Mit den Beiträgen für Wochenaufenthalter werden neben den notwendigen wöchentlichen Reisekosten teilweise auch die Unterkunfts- und Verpflegungskosten übernommen. Dies geschieht über einen Pauschalbetrag. Die Pendlerkostenbeiträge und Beiträge für Wochenaufenthalter werden höchstens während sechs Monaten ausbezahlt.

Damit Sie in den Genuss dieser Beiträge kommen, müssen Sie Ihren Anspruch mindestens zehn Tage vor Stellenantritt beim RAV anmelden. Falls Sie das Gesuch zu spät einreichen, werden die Leistungen gekürzt und erst ab dem Datum der Gesuchseinreichung ausbezahlt.

Förderung der selbstständigen Erwerbstätigkeit

Sind Sie arbeitslos, haben Sie viele Ideen und denken sogar darüber nach, sich selbstständig zu machen? Die ALV unterstützt Sie finanziell bei der Bewältigung der neuen Herausforderung während der Planungs- und Vorbereitungsphase des Projekts. Sie haben während maximal 90 Tagen Zeit, Ihre Pläne auszuarbeiten. Während dieser Phase erhalten Sie Taggelder und sind von der Kontrollpflicht sowie von der Arbeitssuche befreit. Am Ende der Planungszeit müssen Sie sich entscheiden, ob Sie eine selbstständige Erwerbstätigkeit aufnehmen wollen oder nicht.

Zusätzlich zu den Taggeldern können Sie eine Bürgschaftsgarantie bei einer regionalen Bürgschaftsgenossenschaft in der Höhe von maximal 180 000 Franken beantragen. Dabei übernehmen die Bürgschaftsgenossenschaft und die ALV je 20 Prozent und die Eidgenossenschaft 60 Prozent des Verlustrisikos, falls Sie mit Ihrem Unternehmen scheitern und Konkurs gehen sollten. Dadurch wird es für Sie einfacher, bei einer Bank einen Kredit zu erhalten. Beachten Sie jedoch, dass die Fristen zur Einreichung eines Gesuchs sehr kurz sind.

Wenn Sie eine Bürgschaftsgarantie beantragen wollen, während Sie noch Taggelder beziehen, müssen Sie das Gesuch innerhalb der ersten 19 Wochen Ihrer kontrollierten Arbeitslosigkeit beim RAV einreichen. Falls Sie eine Bürgschaftsgarantie ohne Taggelder beantragen möchten – etwa weil Sie keine Planungsphase mehr benötigen und mit Ihrem Unternehmen sofort starten wollen –, muss der Antrag innerhalb der ersten 35 Wochen Ihrer kontrollierten Arbeitslosigkeit beim RAV abgegeben werden. Die administrativen Hürden und Auflagen für eine Bürgschaftsgarantie sind hoch. Das Instrument wird deshalb in der Praxis nur selten eingesetzt.

Falls Sie den Sprung in die Selbstständigkeit wagen wollen, wird Ihre Rahmenfrist um zwei Jahre verlängert. Das heisst, Sie können während zwei Jahren weiterhin mit der Unterstützung der ALV rechnen, falls Sie gezwungen wären, das Unternehmen aufzugeben.

Erwerbsersatzordnung (EO)

Die Erwerbsersatzordnung (EO) gehört zu den Sozialversicherungen und ersetzt den Verdienstausfall für die Zeit, die Sie im Militär-, Schutz- oder Zivildienst verbringen. Eingeführt wurde die Versicherung während des Zweiten Weltkriegs, damals hiess sie noch Wehrmannsschutz. Seit dem 1. Juli 2005 wird aus den Beiträgen an die EO auch der bezahlte Mutterschaftsurlaub finanziert (····> Kinder & Familie).

Anspruch auf Erwerbsausfallentschädigung haben dienstleistende Personen, die in der Schweiz oder im Ausland wohnen,

- für jeden besoldeten Diensttag in der Schweizer Armee, im Zivilschutz oder im Rotkreuzdienst;
- für jeden anrechenbaren Diensttag im Zivildienst;
- für jeden Kurstag bei eidgenössischen oder kantonalen Kaderausbildungskursen von Jugend und Sport (ausgenommen Kursleitung);
- für jeden Kurstag in Jungschützenleiterkursen, für den Sie den Funktionssold erhalten (ausgenommen Kursleitung).

Damit Sie Ihren Anspruch aus der Erwerbsersatzordnung geltend machen können, erhalten Sie von Ihrer Rechnungsführerin oder von der Vollzugsstelle des Zivildienstes für jeden Dienst eine EO-Anmeldung über die geleisteten Dienst- oder Kurstage. Diese müssen Sie ausfüllen und entweder an Ihren Arbeitgeber oder – falls Sie selbstständigerwerbend oder nicht erwerbstätig sind – an Ihre AHV-Ausgleichskasse weiterleiten. Sind Sie zu diesem Zeitpunkt arbeitslos, müssen Sie die ausgefüllte Anmeldung Ihrem letzten Arbeitgeber zusenden. Das Ausfüllen des Formulars ist wichtig, denn ohne EO-Anmeldung wird keine Entschädigung ausbezahlt. Der Anspruch auf die EO-Entschädigung erlischt fünf Jahre nach Beendigung des Dienstes.

Entschädigungsarten

Die Gesamtentschädigung aus der Erwerbsersatzordnung setzt sich aus der Grundentschädigung und den Kinderzulagen zusammen. Grundsätzlich darf die Gesamtentschädigung bei Berufstätigen das durchschnittliche Erwerbseinkommen vor dem Dienst nicht übersteigen und kann für Personen ohne Kinder auf jeden Fall nicht höher als 172 Franken sein. Für Personen mit Kindern beträgt die maximale Entschädigung 215 Franken pro Tag.

Falls Sie während der obligatorischen Dienstzeit nicht berufstätig sind, darf die Gesamtentschädigung nicht höher ausfallen als 108 Franken pro Tag. Eine Ausnahme gibt es beim Gradänderungsdienst, der für die Weiterbildung zu einem höheren Dienstgrad absolviert werden muss: Hier darf die Entschädigung 151 Franken nicht übersteigen. Die Entschädigung wird grundsätzlich direkt ans Sie ausbezahlt. Falls Sie jedoch während der Dienstzeit von Ihrem Arbeitgeber Lohn erhalten, fällt die Entschädigung ihm zu, und zwar unabhängig davon, ob nun der Dienst ganz oder nur teilweise in die Freizeit des Arbeitnehmers fällt. Der Arbeitgeber kann aber die

Entschädigung nur in dem Umfang für sich beanspruchen, als sie die Lohnzahlung nicht übersteigt.

Tipp

Wenn Sie während der Dienstzeit arbeitslos sind, können Sie nicht gleichzeitig Taggelder aus der Arbeitslosenentschädigung und Erwerbsersatz aus der EO beziehen. Während des schweizerischen Militär- und Zivildienstes erhalten Sie nur die Entschädigung aus der EO. Wenn diese geringer ausfällt als Ihr Taggeld aus der Arbeitslosenentschädigung, bezahlt Ihnen die Arbeitslosenkasse die Differenz. Dies gilt jedoch nicht bei der Absolvierung der Rekrutenschule und der Beförderungsdienste.

Grundentschädigung

Die Grundentschädigung erhalten alle dienstleistenden Personen, und zwar unabhängig von ihrem Zivilstand und unabhängig davon, ob sie einer Erwerbstätigkeit nachgehen oder nicht. Mit der Einführung der neuen Mutterschaftsversicherung am 1. Juli 2005 wurden die Entschädigungen für Dienstleistende von 56 auf 80 Prozent des Lohns erhöht.

Wenn Sie Ihre obligatorische Dienstzeit ununterbrochen absolvieren – als sogenannter Durchdiener –, haben Sie die gleichen Entschädigungsansätze zugute wie jene, die ihren Dienst nicht am Stück leisten. Während der Phase der Grundausbildung sind Durchdiener somit entschädigungsmässig den Rekruten gleichgestellt. Für die restlichen Diensttage – also während des Wiederholungskurses – erhalten Sie, wenn Sie vor dem Einrücken erwerbstätig waren, 80 Prozent des durchschnittlichen Lohns oder mindestens 54 Franken pro Tag. Waren Sie vor dem Einrücken nicht erwerbstätig, beträgt die Grundentschädigung ebenfalls 54 Franken pro Tag. Wenn Sie Kinder haben, wird in beiden Fällen die Grundentschädigung noch um die Kinderzulage erhöht (····} Kinderzulage, folgender Abschnitt).

Andere Ansätze bestehen für Durchdiener-Kader. Sie erhalten während der Dauer der allgemeinen Grundausbildung dieselbe Grundentschädigung wie die Rekruten, also 54 Franken pro Tag. Für die restlichen Diensttage bekommen sie jedoch mindestens 80 Franken pro Tag. Falls Sie Kinder haben, erhalten Sie neben der Grundentschädigung ebenfalls Kinderzulagen.

Kinderzulage

Diese Zulage erhalten Sie nur dann, wenn Sie als dienstleistende Person für Kinder unter 18 Jahren – oder unter 25 Jahren für Auszubildende – sorgen. Auch für Pflegekinder, die Sie unentgeltlich zur dauernden Pflege und Erziehung zu sich genommen haben, bekommen Sie Kinderzulagen aus der EO. Die Entschädigung ist klar festgesetzt und beträgt für jedes Kind 18 Franken pro Tag. Da jedoch die Gesamtentschädigung begrenzt ist, ist es möglich, dass Sie nicht voll – beziehungsweise nicht für alle Kinder – entschädigt werden. Die Kinderzulage für Pflege- oder Stiefkinder müssen Sie mit einem separaten Ergänzungsblatt zur EO-Anmeldung einfordern.

Fallbeispiel: Berechnung der EO-Leistung

Elias K. wurde beim Militärdienst zum einfachen Soldaten ausgebildet. Er ist 32 Jahre alt, verheiratet und hat zwei Kinder. Elias K. arbeitet als Sanitärinstallateur und verdient monatlich 5850 Franken. Während eines Wiederholungskurses im Militär hat er Anspruch auf eine Grundentschädigung und Kinderzulagen in der Höhe von 174 Franken pro Tag. Sein Arbeitskollege Pieter P., der gleich viel verdient, aber drei Kinder hat, erhält hingegen eine Gesamtentschädigung von 195 Franken pro Tag.

Zulage für Betreuungskosten

Wenn Sie mit Kindern unter 16 Jahren im gemeinsamen Haushalt leben und an mindestens zwei zusammenhängenden Tagen Dienst leisten, haben Sie Anspruch auf Zulagen für Betreuungskosten. Dies jedoch nur, wenn sie Betreuungsaufgaben, die Sie normalerweise regelmässig selbst übernehmen, wegen des Dienstes nicht wahrnehmen können. Vergütet werden Ihnen dabei die Kosten, die entstehen, wenn Sie die Kinder während des Dienstes durch Dritte betreuen lassen müssen. Dazu zählen zum Beispiel Kosten für Horte, Kinderkrippen, Mittagstische, Reise- und Unterbringungskosten für Kinder, die bei Dritten betreut werden müssen, sowie die Reisekosten der Betreuungsperson, wenn die Kinder in Ihrem Haushalt betreut werden.

Das Geld wird Ihnen zusätzlich zu den Kinderzulagen ausbezahlt, vergütet werden Ihnen die tatsächlichen Kosten ab 20 Franken pro Dienstperiode. Der Höchstbetrag beträgt jedoch durchschnittlich 59 Franken pro Diensttag. Die Zulagen für Betreuungskosten werden zusätzlich zur Gesamtentschädigung ausgerichtet und müssen mit einem separaten Anmeldeformular und den entsprechenden Belegen direkt bei der zuständigen AHV-Ausgleichskasse eingefordert werden. Die Zulagen werden immer der dienstleistenden Person direkt ausbezahlt.

Betriebszulage
Sie erhalten Betriebszulagen, wenn Sie den überwiegenden Teil Ihres Einkommens aus einer selbstständigen Erwerbstätigkeit erzielen, als:
- Eigentümer, Pächter oder Nutzniesser,
- Teilhaberin einer Kollektivgesellschaft,
- unbeschränkt haftender Teilhaber in einer Kommanditgesellschaft,
- Teilhaberin einer anderen Personengesamtheit ohne juristische Persönlichkeit, die auf einen Erwerbszweck ausgerichtet ist, zum Beispiel eine einfache Gesellschaft oder eine Erbgemeinschaft.

Betriebszulagen erhalten auch hauptberuflich mitarbeitende Familienmitglieder in der Landwirtschaft. Dies jedoch nur unter gewissen Bedingungen: Zulagen werden nur ausbezahlt, wenn die Familienmitglieder bei einer ununterbrochenen Dienstzeit von mindestens zwölf Tagen während mindestens zehn Tagen durch eine Aushilfe ersetzt werden müssen, deren Tageslohn mindestens 59 Franken beträgt. Die Betriebszulage wird in der Höhe von 59 Franken pro Tag bezahlt. Sie wird zusätzlich zur Gesamtentschädigung ausgerichtet und nie gekürzt. Die Betriebszulage für mitarbeitende Familienmitglieder in der Landwirtschaft müssen Sie mit einem separaten Ergänzungsblatt bei der EO-Anmeldung einfordern.

Fallbeispiel: Betriebszulage

Hanspeter M. hat eine Ausbildung als Landwirt absolviert – er will später einmal den Hof seines Vaters im Emmental übernehmen. Er arbeitet seit einem Jahr vollzeitlich im elterlichen Betrieb und bezieht von seinen Eltern Lohn. Im August muss er im Militärdienst einen dreiwöchigen Wiederholungskurs im Tessin absolvieren. Da der Vater in dieser saisonal bedingt strengen Zeit die anfallende Arbeit nicht allein bewältigen kann, muss die Familie während der dreiwöchigen Dienstzeit von Hanspeter M. eine Aushilfe anstellen. Die Familie freut sich, als sich auf ihr Inserat ein Saisonnier meldet, der pro Tag nur 50 Franken Lohn verlangt. Hanspeter M. meldet sich bei seiner AHV-Ausgleichskasse mit dem separaten Ergänzungsblatt zur EO-Anmeldung und fordert für seinen geleisteten Dienst Betriebszulage. Sie wird ihm jedoch nicht gewährt, da die Aushilfe lediglich 50 Franken pro Tag verdiente. Nur wenn er dem Saisonnier mindestens 59 Franken pro Tag bezahlt hätte, hätte er Anspruch auf Betriebszulage.

Adressen und Links

Bundesamt für Sozialversicherung (BSV)

Effingerstrasse 20

3003 Bern

Tel. 031 322 90 11, Fax 031 322 78 80

www.bsv.admin.ch

Staatssekretariat für Wirtschaft (seco)

Effingerstrasse 1

3003 Bern

Tel. 031 322 56 56, Fax 031 322 56 00

info@seco.admin.ch

www.treffpunkt-arbeit.ch

www.seco-admin.ch

Eidgenössisches Departement für Verteidigung,

Bevölkerungsschutz und Sport

Teilstreitkraft Heer

www.heer.vbs.admin.ch

Adressen der kantonalen AHV-Ausgleichskassen:

www.ahv.ch/Home-D/allgemeines/kassen/kassen.html

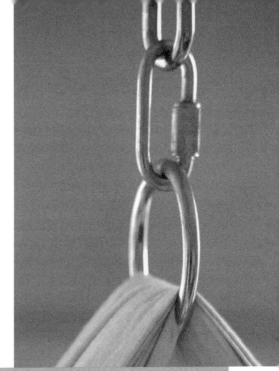

4 Soziale Sicherheit

In der Schweiz besteht ein engmaschiges soziales Netz, das den Einwohnerinnen und Einwohnern in Notlagen weit reichenden finanziellen Schutz bietet. Denn die Risiken im heutigen (Arbeits-)Leben lassen sich oft nicht auf eigene Faust bewältigen.

Ausbau und Weiterentwicklung des Sozialversicherungssystems bleiben jedoch immer eine Gratwanderung zwischen dem Wünschbaren und dem Machbaren – gegen alles kann man sich nicht versichern.

Zurzeit stehen die Sozialversicherungen vor neuen Herausforderungen, nicht zuletzt vor dem Hintergrund der demografischen Alterung und knapper werdender staatlicher Mittel, und sie müssen sich deshalb auch neu orientieren. Nach der dynamischen Entwicklung in den Jahren des wirtschaftlichen Aufschwungs steht das System am Beginn einer Konsolidierung: Neben offensichtlichen Lücken – 6 bis 10 Prozent der Bevölkerung sind von Armut betroffen – sehen sich die Sozialversicherungen auch einem veränderten Umfeld gegenüber. Neue Aspekte wie Langzeitarbeitslosigkeit, ein sich wandelndes Verhältnis zwischen Erwerbstätigen und Rentenberechtigten, die steigende Zahl der Bezügerinnen und Bezüger von Invalidenrenten und eine immer teurere medizinische Grundversorgung beeinflussen sich gegenseitig und haben Auswirkung auf die verschiedenen Zweige der Sozialversicherungen.

Trotzdem: Im internationalen Vergleich bietet das heute bestehende System der sozialen Sicherheit in der Schweiz nach wie vor einen guten Schutz. Die Sozialwerke der Schweiz bestehen aus einem System mit zehn Zweigen:
- Alters- und Hinterlassenenversicherung (AHV),
- Invalidenversicherung (IV),
- Ergänzungsleistungen (EL),
- Berufliche Vorsorge (BV),
- Krankenversicherung (KV),
- Unfallversicherung (UV),
- Arbeitslosenversicherung (ALV),
- Familien- und Kinderzulagen (FAK),
- Militärversicherung (MV),
- Erwerbsersatzordnung (EO).

Alters- und Hinterlassenenversicherung (AHV)

Die Alters- und Hinterlassenenversicherung (AHV) ist ein Teil des schweizerischen Sozialversicherungsnetzes, das auf der sogenannten Dreisäulenkonzeption basiert: Die AHV und die Invalidenversicherung (IV) bilden die erste Säule und können unter gewissen Bedingungen mit Ergänzungsleistungen (EL) vervollständigt werden. Die für Angestellte ebenfalls obligatorische berufliche Vorsorge (Pensionskassen) bildet die zweite Säule. Die freiwillige Selbstvorsorge, das Sparen bei Privatversicherungen, stellt die dritte Säule dar.

Die AHV ermöglicht einen finanziell weit gehend unabhängigen Rückzug aus dem Berufsleben. Mit den Altersrenten trägt sie dazu bei, einen materiell gesicherten Ruhestand zu gewährleisten. Die Hinterlassenenrente soll verhindern, dass zum menschlichen Leid, das der Tod eines Elternteils oder des Ehepartners über die Familie bringt, auch noch eine finanzielle Notlage hinzukommt.

Beiträge an die AHV

Die Beiträge an die AHV sind für alle Menschen, die in der Schweiz wohnen oder arbeiten, obligatorisch. Die Versicherung basiert auf dem sogenannten Umlageverfahren: Die heute aktiven Erwerbstätigen finanzieren die Renten der Pensionierten. Die Beiträge der Arbeitnehmerinnen und Arbeitnehmer werden vom Arbeitgeber bei jeder Lohnzahlung abgezogen und zusammen mit dem Arbeitgeberbeitrag an die Ausgleichskasse überwiesen. Es ist wichtig, die AHV-Beiträge lückenlos zu zahlen, denn fehlende Beitragsjahre führen zu einer Kürzung der Rente. Falls Sie selbstständigerwerbend oder nicht berufstätig sind, müssen Sie sich bei der Ausgleichskasse melden und direkt mit ihr abrechnen. Die AHV ist auch für Ausländerinnen und Ausländer Pflicht. Die Beiträge an die AHV entsprechen 8,4 Prozent des Lohns: 4,2 Prozent werden von den Arbeitgebern übernommen und 4,2 Prozent von den Arbeitnehmerinnen und Arbeitnehmern. Selbstständigerwerbende bezahlen einen Beitrag von maximal 7,8 Prozent.

Die AHV-Beiträge werden durch die AHV-Ausgleichskassen eingezogen. Diese führen für jede versicherte Person ein individuelles Konto, auf dem alle Einkommen und die Zahl der Beitragsjahre eingetragen sind. Wenden Sie sich für weitere Informationen zur AHV an Ihre Ausgleichskasse.

Bundesamt für Sozialversicherung (BSV)

Effingerstrasse 20

3003 Bern

Tel. 031 322 90 11, Fax 031 322 78 80

www.bsv.admin.ch

Homepage der AHV-IV-Institutionen:

www.ahv.ch

Die Adresse der kantonalen AHV-Ausgleichskassen finden Sie

im Internet unter:

www.ahv.ch/Home-D/allgemeines/kassen/kassen.html

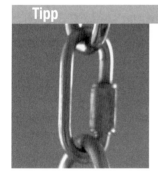

Tipp

Überprüfen Sie periodisch, ob Ihr Arbeitgeber die Beiträge, die er von Ihrem Lohn abzieht, auch wirklich mit der Ausgleichskasse abgerechnet hat. Wenden Sie sich dafür schriftlich bei einer auf Ihrem grauen AHV-Versicherungsausweis mit Nummer aufgeführten Ausgleichskasse und verlangen Sie einen Kontoauszug. In den hintersten Seiten des Telefonbuchs sind die Nummern aufgeführt, daneben finden Sie die Adresse und Telefonnummer der entsprechenden Ausgleichskasse.

Leistungen der AHV

Die Alters- und Hinterlassenenrenten machen den grössten Teil der Leistungen der AHV aus. Zusätzlich erbringt die AHV auch noch folgende Leistungen:

* Kostenbeiträge an Hilfsmittel wie etwa Hörgeräte,
* Hilflosenentschädigung,
* Beiträge an die Spitex und andere gemeinnützige Institutionen der Altershilfe wie Pro Senectute oder das Schweizerische Rote Kreuz.

Altersrente

Männer haben ab 65 Jahren Anspruch auf eine Altersrente. Das Rentenalter der Frauen liegt seit dem Jahr 2005 bei 64 Jahren. Die Renten werden in der Regel alle zwei Jahre der Entwicklung der Löhne und Preise angepasst. Die nächste Rentenerhöhung erfolgt auf den 1. Januar 2009. Bei einer vollen Beitragsdauer beträgt die Minimalrente seit Januar 2007 1 105 Franken und die Maximalrente 2210 Franken. Anstelle der früheren Ehepaar-Altersrente erhalten heute beide Ehepartner je eine Einzelrente. Die Summe der beiden Individualrenten ist allerdings auf 150 Prozent der Maximalrente einer Einzelperson begrenzt, das heisst seit dem Jahr 2007 auf monatlich 3315 Franken.

Nach dem Tod des rentenberechtigten Ehegatten ändert sich der Rentenbetrag wiederum, weil die zu Lebzeiten des verstorbenen Ehegatten vorgenommene Plafonierung entfällt. Zur Rente wird nun auch noch ein Verwitwetenzuschlag in der Höhe von 20 Prozent hinzugerechnet. Der Zuschlag wird jedoch nur bis zum Maximalbetrag der Altersrente gewährt. Erfüllen verwitwete Personen gleichzeitig die Voraussetzungen für eine Hinterlassenenrente, wird die Letztere ausgerichtet, wenn sie höher ist als die Altersrente.

Wenn Sie eine Altersrente beziehen wollen, müssen Sie diesen Anspruch anmelden. Es ist empfehlenswert, die Anmeldung drei bis vier Monate vor Erreichen des Rentenalters einzureichen. Die Anmeldeformulare sind bei den AHV-Ausgleichskassen und ihren Zweigstellen erhältlich. Die Anmeldung müssen Sie an jene Ausgleichskasse senden, der Sie gegenwärtig angeschlossen sind oder bei der Ihr Arbeitgeber die Beiträge einzahlt. Fragen Sie Ihren Arbeitgeber nach der Adresse. Haben Sie keine Beiträge entrichtet, müssen Sie sich bei Ihrer kantonalen Ausgleichskasse oder deren Gemeindezweigstellen anmelden. Eine Anmeldung ist notwendig, denn ohne schriftlichen Bescheid können die Ausgleichskassen keine Leistungen berechnen und auszahlen.

Grundlage für die Berechnung der Einzelrenten sind die Beitragsjahre, das Erwerbseinkommen sowie allfällige Erziehungs- und Betreuungsgutschriften (···› Abschnitt Erziehungs- und Betreuungsgutschriften, S. 87 f.), die der rentenberechtigten Person zwischen dem 1. Januar nach Vollendung des 20. Altersjahrs und dem 31. Dezember vor der Pensionierung gutgeschrieben werden können. Das Einkommen, die Erziehungs- und Betreuungsgutschriften werden während der Ehejahre durch das sogenannte Splitting je zur Hälfte auf die Ehegatten aufgeteilt.

Hilflosenentschädigung

Wenn Sie Altersrenten oder Ergänzungsleistungen der AHV beziehen, haben Sie unter gewissen Voraussetzungen Anrecht auf eine Hilflosenentschädigung. Neben der AHV bieten auch die Invaliden-, die Militär- und die Unfallversicherung Hilflosenentschädigungen an. Als hilflos gelten Sie, wenn Sie für alltägliche Lebensverrichtungen wie etwa Aufstehen, Sichankleiden oder Essen dauernd Hilfe von Dritten benötigen, dauernder Pflege oder Überwachung bedürfen. Sie erhalten Hilflosenentschädigung aus der AHV, wenn Sie:

- schweren oder mittleren Grades hilflos sind,
- ununterbrochen seit mindestens einem Jahr hilflos sind,
- keinen Anspruch auf eine Hilflosenentschädigung der obligatorischen Unfallversicherung, der Invaliden- oder der Militärversicherung haben.

Der Bezug von Hilflosenentschädigung der AHV hängt weder vom Einkommen noch vom Vermögen ab, sondern vom Grad der Hilflosigkeit. Im Jahr 2007 beträgt sie bei Hilflosigkeit mittleren Grades 553 Franken im Monat, bei schwergradiger Hilflosigkeit erhalten Sie 884 Franken monatlich.

Kostenbeiträge an Hilfsmittel

Mit zunehmendem Alter können sich Beschwerden einstellen, die mit Hilfsmitteln wie Hörgeräten, Lupenbrillen oder einem Rollstuhl bis zu einem gewissen Grad gemildert oder sogar behoben werden können. Deshalb gewährt die AHV an einige solcher Hilfsmittel für Rentnerinnen und Rentner, die in der Schweiz wohnen, einen Kostenbeitrag. Wenden Sie sich für die Abgabe oder Vergütung von Hilfsmitteln an die Ausgleichskasse Ihres Wohnkantons oder an die Pro Senectute.

Kantonale AHV-Ausgleichskassen:

www.ahv.ch/Home-D/allgemeines/kassen/kassen.html

Pro Senectute Schweiz
Lavaterstrasse 60
Postfach
8027 Zürich
Tel. 044 283 89 89, Fax 044 283 89 80
www.pro-senectute.ch

Hinterlassenenrente

Auch die Höhe der Hinterlassenenrente wird durch die Beitragsdauer und durch die Höhe des durchschnittlichen Einkommens sowie den Beitrag von allfälligen Erziehungs- und Betreuungsgutschriften (---> Abschnitt Erziehungs- und Betreuungsgutschriften, S. 87 f.) bestimmt. Massgebend sind dabei jedoch nur die versicherten Einkommen der verstorbenen Person. Hat diese bei ihrem Tod das 45. Lebensjahr noch nicht erreicht, wird ein sogenannter Karrierezuschlag bezahlt. Für die Berechnung der Hinterlassenenrente wird dabei das durchschnittliche Einkommen prozentual erhöht. Wenn Sie Hinterlassenenrente beziehen wollen, müssen Sie sich an die letzte Ausgleichskasse wenden, an welche die verstorbene Person ihre AHV-Beiträge bezahlt hat. Wenn die Hinterlassenenrente für Ihren Lebensunterhalt nicht reicht, haben Sie Anrecht auf Ergänzungsleistungen zur AHV und IV. Da der Betrag aus der Hinterlassenenrente oft nicht ausreicht und Konkubinatspaare keinen Anspruch darauf haben, schliessen viele zusätzlich eine private Versicherung ab. Es gibt drei Arten der Hinterlassenenrente: die Witwen-, Witwer- und die Waisenrente.

Witwenrente

Diese Rente ist für Frauen vorgesehen, die bei der Verwitwung Kinder haben. Kinderlose Frauen erhalten nur eine Rente, wenn sie über 45 Jahre alt sind und mindestens fünf Jahre lang verheiratet waren. Wenn Sie geschieden sind, können Sie nur eine Witwenrente beziehen, wenn Sie Kinder haben und die Ehe mindestens zehn Jahre gedauert hat. Oder aber, wenn Sie bei der Scheidung älter als 45 Jahre waren und ebenfalls zehn Jahre verheiratet waren. Anspruch auf eine Witwenrente haben ausserdem geschiedene Frauen, wenn das jüngste Kind sein 18. Lebensjahr vollendet hat, nachdem die geschiedene Mutter 45 Jahre alt geworden ist. Geschiedene Frauen, die keine dieser Voraussetzungen erfüllen, erhalten die Witwenrente nur bis zum 18. Geburtstag des jüngsten Kindes. Falls Sie wieder heiraten, wird die Witwenrente nicht mehr ausbezahlt.

Die Witwenrente beträgt 80 Prozent der Altersrente, welche die verstorbene Person zugute gehabt hätte. Bei einer vollen Beitragsdauer beträgt die minimale Witwenrente im Jahr 2007 884 Franken und die Maximalrente 1768 Franken.

Witwerrente

Ist Ihre Ehefrau oder ehemalige Ehepartnerin verstorben, erhalten Sie als verheirateter oder geschiedener Mann nur eine Witwerrente, solange Sie Kinder unter 18 Jahren haben. Sobald Ihr jüngstes Kind das 18. Lebensjahr vollendet hat oder Sie wieder heiraten, erlischt Ihr Anspruch. Der Betrag der Witwerrente entspricht demjenigen der Witwenrente.

Wenn Sie gleichzeitig Anspruch auf eine Alters- und Hinterlassenenversicherung haben – also pensioniert und verwitwet sind –, wird nur die höhere der beiden Renten ausbezahlt.

Waisenrente

Die AHV richtet Kindern eine Waisenrente aus, wenn die Mutter oder der Vater stirbt. Die Waisenrente beträgt 60 Prozent der Altersrente, die der verstorbenen Person zugestanden hätte. Hatte die verstorbene Person über die volle Dauer Beiträge bezahlt, beträgt die Waisenrente im Jahr 2007 mindestens 442 und höchstens 884 Franken.

Beim Tod beider Eltern haben die Kinder Anrecht auf zwei Waisenrenten. Werden für das gleiche Kind zwei Waisenrenten oder eine Waisenrente und eine Kinderrente ausgerichtet, dürfen die beiden Renten zusammen 60 Prozent des Höchstbetrags der maximalen Altersrente nicht übersteigen. Dies entsprach im Jahr 2007 einem Betrag von monatlich 1326 Franken. Der Anspruch auf die Waisenrente erlischt mit dem Erreichen des 18. Lebensjahrs. Er kann aber bei Kindern, die noch in Ausbildung sind, bis zum 25. Geburtstag verlängert werden. Kinder erhalten die Waisenrente auch dann, wenn der überlebende Elternteil wieder heiratet.

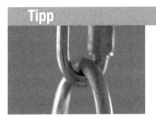

Tipp

Wenn ein Kind Waisenrente der AHV bezieht, hat es trotzdem Anrecht auf Kinderzulagen. Dies gilt jedoch nur, wenn der noch lebende Elternteil Arbeitnehmer oder Arbeitnehmerin ist. Für Selbstständig-erwerbende oder nicht Erwerbstätige besteht der Anspruch nur in jenen Kantonen, die Familienzulagen für diese Personenkreise bezahlen.

Tipp

Ergänzend zu den gesetzlichen Leistungen richtet auch pro juventute Beiträge an Witwen, Witwer und Waisen in Notlagen aus. Dabei kann es sich um wiederkehrende Leistungen wie etwa Beiträge zum Lebensunterhalt oder um einmalige Zahlungen handeln. Gesuche können Sie beim zuständigen pro-juventute-Bezirkssekretariat, bei Fürsorgeämtern, Gemeindeverwaltungen oder Amtsvormundschaftsbehörden einreichen.

Stiftung pro juventute

Seehofstrasse 15

8032 Zürich

Tel. 044 256 77 77, Fax 044 256 77 78

info@projuventute.ch

www.projuventute.ch

Fallbeispiel AHV

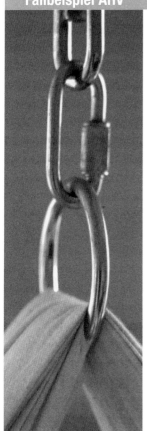

Elsa K. arbeitet vollzeitlich als Verkäuferin. Sie ist mit Werner W. verheiratet, das Paar hat keine Kinder. Werner W. stirbt im Alter von 50 Jahren an Krebs. Da Elsa K. beim Tod ihres Mannes bereits über 45 Jahre alt ist, bezieht sie eine Witwenrente in der Höhe von 1200 Franken. Einige Jahre später heiratet Elsa K. erneut, womit ihr Anrecht auf Witwenrente erlischt. Ihr zweiter Mann, Helmut P., arbeitet als Schreiner, kurz vor seiner Pensionierung erliegt er einem Herzinfarkt. Da Elsa K. mit Helmut P. während sechs Jahren verheiratet war, hat sie erneut eine Witwenrente zugute. Weil ihr zweiter Ehemann ein höheres Einkommen hatte, bezieht sie nun eine Rente von 1600 Franken. An ihrem 64. Geburtstag wird Elsa K. pensioniert: Sie hat zwar lückenlos in die AHV einbezahlt, ihr Lohn als Verkäuferin war jedoch all die Jahre relativ gering. Sie hat deshalb nur Anrecht auf eine minimale Altersrente von 1200 Franken im Monat. Da Elsa K. als Witwe und Pensionierte nicht gleichzeitig einen Anspruch auf Witwen- und auf Altersrente hat, bezieht sie nun bis zu ihrem Tod die höhere der beiden Renten, also die Witwenrente. Elsa K. zieht ein Jahr nach dem Tod ihres zweiten Mannes bei ihrer neuen Liebe Dieter F. ein. Dieser macht ihr einen Heiratsantrag, sie lehnt jedoch ab. Falls sich Elsa K. nämlich erneut vermählen würde, käme sie finanziell schlechter weg: Ihr Anspruch auf die Witwenrente von 1600 Franken monatlich würde erlöschen, und sie müsste sich mit ihrer tieferen Altersrente von 1200 Franken monatlich begnügen.

Erziehungs- und Betreuungsgutschriften

Erziehungsgutschriften sind fiktive Einkommen, für welche die versicherte Person keine Beiträge leisten muss. Sie bezwecken den finanziellen Ausgleich von Erwerbseinbussen, die entstehen, weil sich der oder die Betreffende um die Kindererziehung kümmerte. Bei der Rentenberechnung werden diese Gutschriften wie effektiv erzielte Einkommen behandelt und erlauben somit, das massgebende durchschnittliche Jahreseinkommen bis zur Höhe der Maximalrente zu verbessern. Erziehungs- und Betreuungsgutschriften können Ihnen nicht gleichzeitig gutgeschrieben werden: Wer also Kinder erzieht und pflegebedürftige Verwandte betreut, kann dafür pro Jahr nur eine Gutschrift beziehen.

Erziehungsgutschriften erhalten Sie für die Jahre, in denen sie die elterliche Sorge über eines oder mehrere Kinder unter 16 Jahren ausüben. Diese Gutschriften betragen das Dreifache der jährlichen Minimalrente zum Zeitpunkt Ihres Rentenanspruchs. Bei verheirateten Personen wird die Gutschrift während der Ehejahre je zur Hälfte auf die Ehepartner aufgeteilt. Bei geschiedenen und unverheirateten Eltern gelten besondere Bestimmungen – die Ausgleichskasse gibt Ihnen dazu gerne Auskunft. Erziehungsgutschriften werden bei der Rentenberechung automatisch berücksichtigt, eine besondere Anmeldung ist deshalb nicht notwendig.

Auch die Betreuungsgutschriften sind Zuschläge zum Erwerbseinkommen, werden jedoch in einem individuellen Konto vermerkt. Solche Gutschriften bekommen Sie, wenn Sie sich um Verwandte im gleichen Haushalt mit einem Anspruch auf eine Hilflosenentschädigung der Alters- und Hinterlassenenversicherung, Invaliden-, Unfall- oder Militärversicherung kümmern. Im Gegensatz zu den Erziehungsgutschriften müssen Sie die Betreuungsgutschriften jährlich bei der kantonalen AHV-Ausgleichskasse Ihres Wohnkantons beantragen.

Invalidenversicherung (IV)

Die Invalidenversicherung (IV) ist wie die AHV eine obligatorische Versicherung für alle Personen, die in der Schweiz wohnen oder arbeiten. Ihr erstes Ziel ist es, mit Eingliederungsmassnahmen eine Invalidität zu verhindern, zu vermindern oder zu beheben. Sofern dies nicht möglich ist, sollen Geldleistungen die ökonomischen Folgen der Invalidität mildern und den Existenzbedarf angemessen ausgleichen.

Invalidität im Sinne der IV ist immer die Folge eines Geburtsgebrechens, einer Krankheit oder eines Unfalls. Für die IV gilt eine Person als invalid, sobald die Behinderung eine bestimmte Art und Schwere erreicht hat, die zu einer entsprechenden Versicherungsleistung berechtigt. Es spielt dabei keine Rolle, ob der gesundheitliche Schaden körperlicher, psychischer oder geistiger Natur ist.

Beiträge an die IV

Die Beiträge an die IV werden gemeinsam mit der AHV abgerechnet und je zur Hälfte vom Arbeitnehmer und -geber bezahlt. Sie werden direkt vom Lohn abgezogen. Der Beitragssatz beträgt 1,4 Prozent.

Anmeldung bei der IV

Um von der IV Leistungen zu erhalten, müssen Sie sich bei der IV-Stelle ihres Wohnkantons oder bei der Ausgleichskasse und ihren Zweigstellen anmelden. Einen Anspruch anmelden kann eine versicherte Person, ihr gesetzlicher Vertreter sowie Behörden oder Dritte, welche die versicherte Person regelmässig unterstützen oder dauernd betreuen. Dann wird abgeklärt, welche Leistungen Ihnen zustehen. Wenn alle Abklärungen abgeschlossen sind, teilt die kantonale IV-Stelle Ihnen ihren Entscheid schriftlich mit.

Homepage der AHV-IV Institutionen:
www.ahv.ch

Kantonale IV-Stellen:
www.avs-ai.ch/Home-D/allgemeines/ivs/ivs.html

Kantonale Ausgleichskassen:
www.ahv.ch/Home-D/allgemeines/kassen/kassen.html

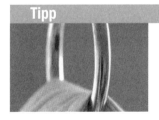

Tipp

Es ist wichtig, sich bei der IV frühzeitig anzumelden, also möglichst sobald sich abzeichnet, dass die Behinderung von langer Dauer sein wird. Warten Sie nicht, bis die Leistungen der Kranken- oder Unfallversicherung ausgeschöpft sind, denn die IV kann rückwirkend höchstens für ein Jahr ab Anmeldetermin ausbezahlt werden.

Leistungen der IV

Das erste Ziel der IV ist es, behinderte Personen so weit mit Eingliederungsmassnahmen zu fördern, dass sie ihren Lebensunterhalt ganz oder teilweise aus eigener Kraft bestreiten können. Erst an zweiter Stelle steht die Auszahlung der Rente. Sie wird nur dann ausgerichtet, wenn Eingliederungsmassnahmen gar nicht möglich sind oder nur teilweise zur Eingliederung ins Erwerbsleben führen. Zu den Massnahmen für die Eingliederung gehören Leistungen im medizinischen und beruflichen Bereich.

Medizinische Eingliederungsmassnahmen

Die Behandlungskosten bei Krankheit und Unfall werden grundsätzlich von der Kranken- oder Unfallversicherung übernommen. Deshalb kommt die IV bei Erwachsenen nicht für die Kosten von Heilbehandlungen auf. Die IV leistet nur finanzielle Unterstützung für medizinische Massnahmen, wenn diese unmittelbar die berufliche Eingliederung fördern.

Fallbeispiel

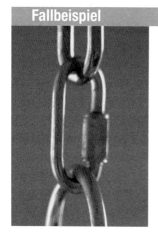

Reto S. ist 32 Jahre alt und arbeitet als Automechaniker. Nach einem Hirnschlag ist er teilweise körperlich behindert. Seine linke Seite ist vorübergehend gelähmt. Reto S. kann feine Arbeiten nicht mehr ausführen und nur sehr langsam sprechen. Damit er wieder in seinem erlernten Beruf arbeiten kann, muss seine Feinmotorik durch eine physiotherapeutische Behandlung verbessert werden. Reto S. besucht zudem wöchentlich einen medizinischen Logopäden, um besser sprechen zu lernen. Da diese Massnahmen seine Erwerbsfähigkeit dauernd und wesentlich verbessern, werden Reto S. die Konsultationen und Behandlungen bei der Physiotherapeutin und beim Logopäden von der IV bezahlt.

Tipp

Für Versicherte, die von Geburt an behindert und jünger als 20 Jahre alt sind, besteht eine besondere Regelung. Die IV übernimmt in diesem Fall alle zur Behandlung des Geburtsgebrechens notwendigen medizinischen Massnahmen, und zwar ohne Rücksicht auf die künftige Erwerbsfähigkeit.

Berufliche Eingliederungsmassnahmen

Damit der Einstieg ins Berufsleben für Menschen mit Behinderung leichter wird, unterstützt die IV folgende Massnahmen:

- Von Fachleuten der IV-Stelle erhalten Sie eine Berufsberatung, wenn Sie wegen Ihrer Invalidität bisher keinen Beruf erlernen konnten oder nicht mehr auf Ihrem angestammten Beruf arbeiten können.
- Falls Sie noch keine Ausbildung absolvieren konnten, übernimmt die IV die Kosten, die Ihnen aufgrund Ihrer Invalidität zusätzlich entstehen.
- Falls Sie eine Weiterbildung besuchen möchten, die Ihre Arbeitsfähigkeit voraussichtlich erhält oder verbessert, übernimmt die IV ebenfalls die Kosten, die Ihnen aufgrund Ihrer Invalidität zusätzlich entstehen.
- Wenn Sie Ihren erlernten Beruf wegen Ihrer Invalidität nicht mehr oder nur noch unter erschwerten Bedingungen ausüben können, bezahlt Ihnen die IV eine Umschulung.
- Die IV übernimmt auch Kosten einer Wiedereinschulung in Ihren bisherigen Beruf.
- Sie haben Anrecht auf eine aktive Arbeitsvermittlung und Beratung im Hinblick auf die Beibehaltung eines bestehenden Arbeitsplatzes.
- Unter besonderen Voraussetzungen gewährt Ihnen die IV auch einen Kredit in Form von Kapitalhilfe, wenn Sie sich wegen Ihrer Invalidität beruflich selbstständig machen möchten oder wenn eine betriebliche Umstellung aufgrund der Invalidität notwendig ist.

Hilfsmittel

Die IV stellt Personen mit Behinderung ferner auch Hilfsmittel zur Verfügung, die sie brauchen, um mit ihrer Invalidität zu leben. Dazu gehören etwa Prothesen, Blindenführhunde, Rollstühle, Motorfahrzeugumbauten oder Hilfsgeräte am Arbeitplatz. Kosten für Zahnprothesen, Brillen und Schuheinlagen werden Ihnen nur vergütet, wenn sie im Zusammenhang mit medizinischen Eingliederungsmassnahmen stehen.

Reisekosten

Wenn Sie für die Eingliederungsmassnahmen oder zur Abklärung des Leistungsanspruches Reisen in der Schweiz unternehmen müssen, übernimmt die IV grundsätzlich die Kosten für den Transport mit öffentlichen Verkehrsmitteln.

Taggelder

Damit Sie während der Abklärung oder der Eingliederung nicht in einen finanziellen Engpass geraten, stellen Taggelder aus der IV Ihren Lebensunterhalt sicher. Wenn Sie durch die Invalidität allerdings keine Erwerbseinbusse erleiden oder wenn Sie eine Rente beziehen, kann die IV kein Taggeld ausrichten. Falls die invalide Person weniger als 18 Jahre alt ist, hat sie ebenfalls keinen Anspruch auf Taggelder. Wenn Sie eine Altersrente aus der AHV beziehen, erlischt jeglicher Anspruch auf Leistungen aus der IV.

Invalidenrente

Erst wenn die Möglichkeiten einer Eingliederung in die Arbeitswelt geprüft wurden und das Ergebnis negativ war, erhalten Sie eine Invalidenrente. Sie müssen zudem mindestens 18 Jahre alt sein. Der Rentenanspruch entsteht frühestens, wenn Sie entweder

- mindestens zu 40 Prozent bleibend erwerbsunfähig, also dauerinvalid sind;
- während eines Jahres ohne wesentlichen Unterbruch durchschnittlich zu 40 Prozent arbeitsunfähig waren und weiterhin im gleichen Mass erwerbsunfähig bleiben.

Der Invaliditätsgrad wird von der IV-Stelle anhand eines Einkommensvergleichs berechnet. Dabei wird zuerst Ihr früheres Einkommen ermittelt, das Sie noch ohne Gesundheitsschaden erzielt haben. Davon wird Ihr jetziges – durch die Invalidität geschmälertes – Einkommen abgezogen. Daraus ergibt sich ein Fehlbetrag, der als Erwerbseinbusse bezeichnet wird. Drückt man diese Einbusse in Prozenten aus, erhält man den Grad der Invalidität. Bei einem Invaliditätsgrad von 40 Prozent erhalten Sie eine Viertelsrente, bei 70 Prozent Invaliditätsgrad eine ganze Rente. Die Höhe der Rente ist abhängig von der Dauer der Beitragszahlungen an die IV, dem Erwerbseinkommen und den Beziehungs- und Betreuungsgutschriften aus der AHV.

Fallbeispiel: Errechnung des Invaliditätsgrads

Tabea K. ist 35 Jahre alt und arbeitet als Krankenschwester in Zürich. Ihr Jahresgehalt beträgt 55 000 Franken. Da ihr Arbeitsweg relativ lang ist, fährt sie die Strecke jeweils mit ihrer Vespa. An einem regnerischen Tag gerät sie auf dem Fussgängerstreifen ins Rutschen und wird von einem nachfolgenden Auto erfasst. Sie wird schwer verletzt ins Spital gebracht, wo eine Rückenverletzung diagnostiziert wird. Nach dem Heilungsprozess ist klar, dass sie nur noch teilweise arbeitsfähig ist. Tabea K. lässt sich zur Sekretärin umschulen, kann aber trotzdem nur ein Jahresgehalt von 20 000 Franken erzielen. Um ihren Invaliditätsgrad zu ermitteln, wird nun ihr früheres Einkommen mit ihrem jetzigen Jahresverdienst verglichen. Die fehlenden 35 000 Franken machen 63,63 Prozent des einstigen Lohns von 55 000 Franken aus. Damit beträgt auch der Invaliditätsgrad von Tabea K. 63,63 Prozent. Weil der Invaliditätsgrad über 60 Prozent liegt, erhält Tabea K. eine Dreiviertelrente der Invalidenversicherung.

Hilflosenentschädigung

Versicherte, die durch ihre Invalidität bei alltäglichen Lebensverrichtungen wie Sichankleiden, Essen oder Körperpflege dauernd auf Hilfe angewiesen sind, eine dauernde Pflege oder Überwachung benötigen, erhalten eine Hilflosenentschädigung, wenn

- sie in der Schweiz wohnen;
- die Hilflosigkeit bleibend ist oder ununterbrochen mindestens ein Jahr gedauert hat;
- kein Anspruch auf eine Hilflosenentschädigung aus der obligatorischen Unfallversicherung oder der Militärversicherung besteht.

Ergänzungsleistungen (EL) zur AHV und IV

Ergänzungsleistungen (EL) zur AHV und IV helfen dort, wo die Renten und das Einkommen von Betagten, Hinterlassenen und invaliden Menschen die minimalen Lebenskosten nicht decken. Als die EL 1966 eingeführt wurden, waren sie nur als Übergangslösung gedacht, bis die Renten aus AHV und IV eine existenzsichernde Höhe erreichen würden, wie das nach Bundesverfassung in Art. 112 Abs. 2 lit. b eigentlich vorgesehen ist.

In der Zwischenzeit hat sich diese Annahme als unrealistisch erwiesen. Die steigenden Wohnungsmieten wie auch die wachsenden Kosten der Krankenversicherung, etwa für Langzeitpflege, und andere Entwicklungen haben das Bedürfnis nach EL sogar noch erhöht. Gut ein Drittel der EL-Bezügerinnen lebt heute in einem Pflegeheim. Um ihren Lebensabend mit den hohen Betreuungskosten zu finanzieren, benötigen sie zusätzliche Mittel.

Beiträge an die EL

Die Ergänzungsleistungen werden durch Bundes- und Kantonsgelder und teilweise durch die Gemeinden mit Steuermitteln finanziert. Es besteht also keine direkte Beitragspflicht. Für die Höhe der Bundesbeiträge an die Kantone ist die Finanzstärke jedes einzelnen Kantons massgebend. Finanzstarke Kantone erhalten 10 Prozent ihrer Aufwendungen erstattet, mittelstarke zwischen 11 und 34 Prozent. Finanzschwachen Kantonen werden 35 Prozent zurückgezahlt.

Leistungen aus den EL

Die Höhe der jährlichen Ergänzungsleistungen entspricht der Differenz zwischen den anerkannten Einnahmen und jenen Ausgaben, die angerechnet werden können. Dabei wird unterschieden, ob Sie zu Hause oder in einem Heim leben. Die Höhe der EL wird durch den Kanton festgesetzt. Wenn Sie Ihren Anspruch geltend machen möchten, können Sie bei der kantonalen Ausgleichskasse Formulare für die Anmeldung beziehen. Die Anmeldung kann auch durch die Stellvertreterin der anspruchsberechtigten Person oder nahe Verwandte eingereicht werden. Im Kanton Basel-Stadt ist das Amt für Sozialbeiträge, im Kanton Genf das Office cantonal des personnes âgées und im Kanton Zürich sind die Zusatzleistungsstellen der Wohnsitzgemeinde für die EL zuständig, in den übrigen Kantonen die kantonale Ausgleichskasse.

Alle Adressen im Internet unter:

www.ahv.ch/Home-D/EL/EL-selbsteinschatzung/
el-selbsteinschatzung.html

Den Entscheid über die Auszahlung von Ergänzungsleistungen teilt Ihnen die Amtsstelle schriftlich mit. Gegen einen negativen Entscheid können Sie Einsprache erheben. Ihr Anspruch auf Ergänzungsleistung besteht erstmals für jenen Monat, in dem Sie die Anmeldung eingereicht haben. Falls sich Ihre persönlichen Verhältnisse ändern, sind Sie verpflichtet, dies der EL-Stelle unverzüglich zu melden. Zu solchen Änderungen gehören etwa eine Mietzinsänderung, eine Erbschaft oder Schenkung und ein Liegenschafts- oder Grundstücksverkauf. Wenn Sie solche Änderungen nicht melden oder beim Antrag auf EL falsche Angaben machen, müssen Sie die zu Unrecht bezogenen Leistungen zurückzahlen.

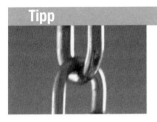

Tipp

Ausländerinnen müssen während mindestens zehn Jahren ununterbrochen in der Schweiz gelebt haben, damit sie EL beanspruchen können. Davon ausgenommen sind Staatsangehörige aus den Mitgliedsstaaten der EU und der EFTA. Bei diesen Personen besteht in der Regel keine Karenzfrist.

Tipp

Wenn Sie provisorisch berechnen möchten, ob Sie Ergänzungsleistungen zugute haben, können Sie sich von der EL-Stelle Ihres Wohnorts ein Selbstberechnungsblatt zustellen lassen.

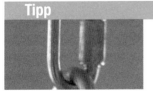

Tipp

Bezügerinnen und Bezüger von Ergänzungsleistungen zur AHV und IV sind von der Gebührenpflicht für Radio und TV befreit. Reichen Sie Ihre EL-Verfügung bei der Inkassostelle Billag AG, Postfach, 1701 Freiburg, ein.

Fallbeispiel I: Ergänzungsleistungen

Das Ehepaar Roland und Gertrud W. ist pensioniert und lebt in Bern. Die beiden kommen mit der gemeinsamen AHV-Rente, den Leistungen aus der Pensionskasse und ihrem Vermögensertrag auf ein jährliches Einkommen von insgesamt 28 340 Franken. Ihre Ausgaben – zusammengesetzt aus dem allgemeinen Lebensbedarf, dem Mietzins und den Krankenkassenprämien – belaufen sich auf 44 100 Franken. Die Ergänzungsleistungen für das Ehepaar W. wird aus der Differenz zwischen Einnahmen und Ausgaben (44 100 minus 28 340 Franken) errechnet. Roland und Gertrud W. haben also jährliche Ergänzungsleistungen in der Höhe von 15 760 Franken zugute und erhalten monatlich 1314 Franken an EL.

Fallbeispiel II: Ergänzungsleistungen

Otto K. ist 84 Jahre alt und verbringt seinen Lebensabend in einem Alters- und Pflegeheim. Er ist alleinstehend und bezieht eine jährliche AHV-Rente von 12 900 Franken. Zusammen mit den Leistungen aus der Krankenkasse und seinen Vermögenserträgen summiert sich sein jährliches Einkommen auf 19 000 Franken. Für den Aufenthalt im Alters- und Pflegeheim berappt Otto K. täglich 120 Franken, also 43 800 Franken im Jahr. Dazu kommen die persönlichen Auslagen, die vom Kanton auf 3600 Franken festgesetzt werden, sowie die Krankenkassenprämien von 2520 Franken. Dies ergibt Ausgaben in der Höhe von 49 920 Franken im Jahr. Die Differenz zwischen Ausgaben und Einnahmen (49 920 minus 19 000 Franken) ergibt die jährliche Ergänzungsleistung von 30 920 Franken. Otto K. bezieht also monatlich 2577 Franken Ergänzungsleistungen.

Berufliche Vorsorge (BV)

Die erste Pensionskasse in der Schweiz wurde bereits vor über hundert Jahren in der Maschinenindustrie gegründet. Damals war ein solcher Vorsorgeschutz freiwillig – Arbeitnehmerinnen und Arbeitnehmer konnten nur davon profitieren, wenn ihr Arbeitgeber über eine Pensionskasse verfügte und der Beitritt von ihm genehmigt wurde. Heute ist die berufliche Vorsorge (BV) für Arbeitnehmerinnen und Arbeitnehmer obligatorisch. Neben der AHV, der ersten Säule der Altersvorsorge, hat die berufliche Vorsorge als zweite Säule die Aufgabe, Ihnen die Fortsetzung Ihres bisherigen Lebensstandards in angemessener Weise zu ermöglichen. Zusammen mit der ersten Säule soll ein Renteneinkommen von rund 60 Prozent des letzten Lohns erreicht werden. Daneben versichert die zweite Säule die Risiken Tod und Invalidität (siehe unten, S. 100).

Beiträge an die BV

Arbeitnehmerinnen und Arbeitnehmer, die bei der AHV/IV versichert sind, sind im Prinzip obligatorisch auch BV-versichert. Mit den Beiträgen der Versicherten und der Arbeitgeber und mit den Erträgen aus den investierten Vorsorgekapitalien werden die Altersrenten und die Versicherungsleistungen bei Tod und Invalidität finanziert. Für die Altersleistungen besteht eine Beitragspflicht ab dem 25. Altersjahr, für Versicherungsleistungen bereits ab dem 18. Altersjahr. Arbeitgeber und Arbeitnehmer zahlen die Beiträge an die BV gemeinsam, wobei der Arbeitgeber die Arbeitnehmerbeiträge direkt vom Lohn abzieht. Dem BV-Obligatorium nicht unterstellt sind:

* Selbstständigerwerbende,
* Personen mit befristeten Arbeitsverträgen von höchstens drei Monaten,
* im eigenen Landwirtschaftsbetrieb tätige Familienmitglieder,
* Personen, die bei einem Arbeitgeber weniger als 19 890 Franken pro Jahr verdienen (Stand 2007).

Wenn Sie Ihre Pensionskasse verlassen, bevor Sie aus Altersgründen oder wegen Invalidität Leistungen bezogen haben, besteht ein Anspruch auf Austrittsleistungen. Man spricht dann von Freizügigkeitsfall. Ein Freizügigkeitsfall liegt vor, wenn Sie die Stelle wechseln und unmittelbar nach dem Austritt aus Ihrer Pensionskasse eine neue Stelle antreten. Dann müssen Sie der bisherigen Pensionskasse die neue Kasse angeben, damit sie die Austrittsleistungen an die Vorsorgeeinrichtung Ihres neuen Arbeitgebers überweisen kann. Treten Sie keine neue Stelle an, müssen Sie Ihrer vorherigen Pensionskasse mitteilen, auf welche Freizügigkeitseinrichtung die Austrittsleistung überwiesen werden soll. Dabei haben Sie die Wahl zwischen einem auf Ihren Namen lautenden Freizügigkeitskonto bei einer Freizügigkeitsstiftung (zum Beispiel einer Bankstiftung) oder auf eine zu Ihren Gunsten errichtete Freizügigkeitspolice bei einer Versicherungsgesellschaft. Falls Sie Ihrer Pensionskasse nicht melden, wohin Ihre Austrittsleistung überwiesen werden soll, muss die Vorsorgeeinrichtung spätestens zwei Jahre nach dem Freizügigkeitsfall die Austrittsleistungen an die Auffangeinrichtung überweisen.

Tipp

Wenn Sie unsicher sind, ob Ihr Arbeitgeber einer Pensionskasse angeschlossen ist, verlangen Sie Auskunft von ihm; der Arbeitgeber ist zu dieser Information verpflichtet. Weigert er sich trotzdem, gibt Ihnen auch die Ausgleichskasse, bei der die AHV-Beiträge abgerechnet werden, Auskunft. Falls Sie Zweifel haben, ob Ihr Chef die Pensionskassenbeiträge tatsächlich für Sie einzahlt, erkundigen Sie sich bei der Pensionskasse. Zahlt Ihr Arbeitgeber nicht oder zahlt er zu wenig, melden Sie dies der Pensionskasse. Reagiert diese nicht, können Sie die Aufsichtsbehörde einschalten. Im konkreten Streitfall entscheidet der Richter.

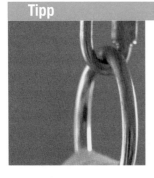

Tipp

Wenn Sie wissen möchten, ob Sie noch ein Guthaben in der zweiten Säule haben, können Sie sich an die Zentralstelle 2. Säule (www. sfbvg.ch/de/zentralstelle/zentral_home.htm) wenden. Diese gibt Auskunft über den Verbleib möglicher Vorsorgeguthaben, Freizügigkeitspolicen oder -konten. Die Vorsorgeeinrichtungen und die Freizügigkeitseinrichtungen sind verpflichtet, der Zentralstelle 2. Säule zu melden, wenn sie Vorsorgekapital ohne Nachricht der berechtigten Person führen.

Leistungen aus der BV

Das Gesetz über die berufliche Vorsorge (BVG) definiert die Mindestleistungen für das Alter, im Todesfall und bei Invalidität. Organisation, Gestaltung und Finanzierung der Leistungen sind jedoch Sache der einzelnen Vorsorgeeinrichtung, also der Pensionskasse. Diese Kassen werden gemeinsam von Arbeitnehmern und Arbeitgebern verwaltet. Viele Arbeitnehmerinnen und Arbeitnehmer sind über das gesetzliche Minimum hinaus in der zweiten Säule versichert (Überobligatorium). Die berufliche Vorsorge umfasst die Altersleistungen in Form von Altersvorsorge und die Versicherungsleistungen in Form von Invaliden- und Hinterlassenenvorsorge.

Altersvorsorge

Die Altersvorsorge der zweiten Säule basiert auf einem individuellen Sparprozess. Dieser beginnt, wie schon erwähnt, mit 25 Jahren und endet mit der Pensionierung. Das von Ihnen angesparte Guthaben dient nun der Finanzierung der Altersrente. Das vorhandene Kapital wird mit einem Umrechnungsfaktor von 7,10 Prozent für Männer und 7,20 Prozent für Frauen in die jährliche Altersrente umgerechnet (Stand 2006). Mit der 1. BVG-Revision wird der Umwandlungssatz für Männer und Frauen bis 2014 schrittweise auf 6,80 Prozent abgesenkt. Sie können Ihre Altersleistung auch vor dem ordentlichen Rentenalter beziehen. Die vorzeitige Pensionierung ist aber nur möglich, wenn Ihre Pensionskasse dies in ihrem Reglement vorsieht.

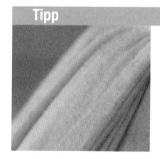

Tipp

Je nach dem Reglement Ihrer Vorsorgeeinrichtung können Sie Ihre Altersleistung vor dem ordentlichen Rentenalter beziehen, müssen dazu aber Ihre Erwerbstätigkeit aufgeben. Allerdings werden dadurch Ihre Altersleistungen reduziert, weil das Altersguthaben zu diesem Zeitpunkt ja noch nicht vollständig angespart ist und Ihre Altersrente deshalb mit einem tieferen Umwandlungssatz umgerechnet wird.

Invalidenvorsorge

Wenn Sie durch Krankheit oder durch einen Unfall invalid werden – im Sinne der Invalidenversicherung (····▸ Invalidenversicherung, S. 88 ff.) –, so richtet Ihnen die Pensionskasse eine Invalidenrente und eine Invalidenkinderrente aus. Diese Renten werden auch nach der ordentlichen Pensionierung ausbezahlt. Die Invalidenrente wird auf der Basis Ihres Altersguthabens ausgerechnet: Zum Altersguthaben, das bis zum Zeitpunkt der Invalidität angespart ist, werden die zukünftigen hypothetischen Altersgutschriften ohne Zins addiert. Die Höhe der Invalidenrente aus der beruflichen Vorsorge wird nach demselben Umrechnungssatz wie die Altersvorsorge berechnet.

Hat eine invalide Person Kinder, wird eine zusätzliche Kinderrente ausgerichtet. Sie beträgt 20 Prozent der jährlichen Invalidenrente aus der Pensionskasse. Die Rente kann bis zur Vollendung des 18. Altersjahrs bezogen werden, und falls die Ausbildung noch nicht beendet ist, bis zur Vollendung des 25. Altersjahrs.

Hinterlassenenvorsorge

Überlebende Ehegatten haben einen Anspruch auf eine Witwen- oder Witwerrente, wenn er oder sie beim Tod des Ehepartners für den Unterhalt eines Kindes aufkommen muss oder älter als 45 Jahre ist. Im zweiten Fall muss die Ehe mindestens fünf Jahre gedauert haben. Erfüllt der hinterbliebene Ehegatte diese Voraussetzungen nicht, so erhält er eine einmalige Abfindung von drei Jahresrenten. Genauso wie bei der Hinterlassenenrente der AHV erlischt der Anspruch auf Hinterlassenenvorsorge bei einer erneuten Heirat. Die Hinterlassenenvorsorge beträgt 60 Prozent der bezogenen Alters- oder der vollen Invalidenrente. Für die Kinder der verstorbenen Person wird eine Waisenrente ausgerichtet. Höhe und Dauer der Rente sind gleich wie bei der Kinderrente der Invalidenvorsorge der BV.

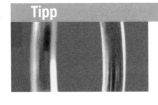

Tipp

Falls sie im Konkubinat leben, informieren Sie sich bei Ihrer Pensionskasse, ob und unter welchen Bedingungen Leistungen auch an überlebende Konkubinatspartnerinnen oder -partner ausgerichtet werden.

Verein unentgeltliche Auskünfte für Versicherte von Pensionskassen:
www.bvgauskuenfte.ch

Zentralstelle 2. Säule
www.sfbvg.ch/de/zentralstelle/zentral_home.htm

Obligatorische Krankenversicherung (KV)

Die obligatorische Krankenversicherung gewährt allen in der Schweiz lebenden Personen Zugang zu einer guten und umfassenden medizinischen Versorgung und stellt die medizinische Behandlung sicher.

Informationen dazu finden Sie im Kapitel ----⟩ Gesundheit.

Obligatorische Unfallversicherung (UV)

Als Arbeitnehmer oder Arbeitnehmerin sind Sie in der Schweiz obligatorisch gegen Berufsunfälle, Nichtberufsunfälle und Berufskrankheiten versichert.

Mehr Informationen zur obligatorischen Unfallversicherung finden Sie im Kapitel ----⟩ Gesundheit.

Arbeitslosenversicherung (ALV)

Die Arbeitslosenversicherung gewährt Erwerbsersatz und unterstützt Massnahmen zur Verhütung und Bekämpfung der Arbeitslosigkeit.

Mehr Informationen zur Arbeitslosenversicherung finden Sie im Kapitel ----⟩ Arbeit & Arbeitslosigkeit.

Familien- und Kinderzulagen (FAK)

Um die finanzielle Belastung von Familien zu vermindern, richten die Kantone Zulagen aus. Die Schweiz hat derzeit noch 26 verschiedene kantonale Familienzulagensysteme. Mehr Informationen zu den Familien- und Kinderzulagen finden Sie im Kapitel ·····> Kinder & Familie.

Militärversicherung (MV)

Die Militärversicherung (MV) ist der älteste Teil der sozialen Sicherheit in der Schweiz. Bereits im Jahr 1852 wurde mit dem Bundesgesetz über die Pensionen und Entschädigungen der im Militärdienst Verunglückten eine sozialversicherungsrechtliche Ordnung geschaffen. Das Bundesamt für Militärversicherung (BAMV) wurde auf den 1. Juli 2005 aufgehoben und die Führung der Militärversicherung als eigene Sozialversicherung an die Schweizerische Unfallversicherungsanstalt (Suva) übertragen. Für die versicherten Personen ergibt sich daraus jedoch keine Änderung.

Die MV versichert Sie bei Gesundheitsschädigungen wie Krankheit oder Unfall, die während eines obligatorischen oder freiwilligen Dienstes auftreten. Dazu gehören unter anderem Einsätze:

• im Berufs- und Zeitmilitär,
• im Zivilschutzdienst,
• in friedenserhaltenden Aktionen,
• im Korps für Humanitäre Hilfe.

Beiträge an die Militärversicherung

Die Leistungen der Militärversicherung werden über Mittel des Bundesbudgets finanziert, weshalb – abgesehen von den Prämien der beruflich Versicherten – keine direkte Beitragspflicht besteht.

Leistungen der Militärversicherung

Um sich bei der MV für medizinische Behandlungen nach der Entlassung aus dem Dienst anzumelden, müssen Sie eine Unfallmeldung einreichen. Kommt zwischen der Gesundheitsschädigung und dem Dienst ein Zusammenhang in Betracht oder wünscht der Patient oder die Patientin eine Anmeldung, so muss der konsultierte Arzt, die Zahnärztin oder der Chiropraktiker den Fall sofort der Militärversicherung melden.

Die Militärversicherung erbringt Sachleistungen wie die Übernahme der Kosten für die Heilbehandlung, für Hilfsmittel oder für die Rettung. Sie übernimmt auch die soziale und berufliche Eingliederung der Versicherten. Die Geldleistungen bestehen aus Taggeldern bei Arbeitsunfähigkeit, Invalidenrenten bei Erwerbsunfähigkeit und Hinterlassenenrenten im Todesfall. Bei erheblicher Beeinträchtigung der körperlichen Unversehrtheit wird eine sogenannte Integritätsschadenrente ausgerichtet. Die Militärversicherung ist die einzige Sozialversicherung, die bei erheblicher Körperverletzung dem Versicherten oder im Todesfall den Angehörigen Genugtuungsleistungen zusprechen kann. Die Leistungen der MV umfassen:

- eine angemessene ärztliche Behandlung, sowie Medikamente, Behandlungsgeräte und Hilfsmittel, die zur Heilung und Verbesserung der Arbeitsfähigkeit erforderlich sind;
- Reise-, Transport, Such- und Bergungskosten; in Ausnahmefällen beteiligt sich die MV auch an den Reiseauslagen der nächsten Angehörigen für Besuche des Versicherten;
- Zulagen für Hauspflege oder Kuren;
- Hilflosenentschädigung;
- Taggeld, um bei vorübergehendem Verdienstausfall die Lebenskosten zu decken;
- Entschädigung für die Verzögerung der Berufsausbildung;
- Entschädigung an Selbstständigerwerbende;
- Eingliederungsleistungen, ähnlich den Leistungen, welche die beruflichen Eingliederungsmassnahmen der IV umfassen;
- Nachfürsorgemassnahmen;
- Invalidenrenten in der Höhe von 80 Prozent des versicherten Jahresverdienstes;
- Altersrenten für invalide Versicherte;
- Integritätsschadenrenten;
- Hinterlassenenrenten;
- Ehegatten- und Waisenrenten bei ungenügenden Vorsorgeleistungen;
- Kostenübernahme von Sachschäden;
- Genugtuung;
- Bestattungsentschädigung;
- Entschädigung der Berufsausbildungskosten;

- Prävention von Gesundheitsschädigungen;
- medizinische Untersuchung und vorbeugende medizinische Massnahmen vor der Aushebung.

Suva Hauptsitz

Fluhmattstrasse 1

6002 Luzern

Tel. 041 419 51 11, Fax 041 419 58 28

www.suva.ch

Die Adressen und Kontaktdaten aller Suva-Agenturen finden Sie unter:

www.suva.ch/home/unternehmen/agenturen_adressen/alle_ adressen.htm

Fallbeispiel: Militärversicherung

Walter K. ist 24 Jahre alt und dient im Militär als Korporal. Während eines Wiederholungskurses wird er verletzt: Er tritt in ein Erdloch und bricht sich den rechten Fuss. Da er als gelernter Maurer während seiner Arbeit stehen und gehen muss, ist er bis zur Heilung des Bruchs zu 100 Prozent arbeitsunfähig. Die vorübergehende Verdiensteinbusse wird ihm von der Militärversicherung mit Taggeldern ersetzt: Da Walter K. gänzlich arbeitsunfähig ist, erhält er 80 Prozent des ihm entgehenden Verdienstes oder mehr, sofern eine weitergehende Lohnfortzahlungspflicht des Arbeitgebers besteht. Walter K. verdient als Maurer monatlich 6800 Franken. Er erhält also von der Militärversicherung während der Dauer des Heilungsprozesses 5440 Franken pro Monat. Die Militärversicherung bezahlt die Taggelder an den Arbeitgeber. Zudem übernimmt sie in vollem Umfang die Sozialversicherungsbeiträge des Arbeitnehmers und des Arbeitgebers.

Erwerbsersatzordnung (EO)

Die Erwerbsersatzordnung bezahlt einen Teil Ihres Verdienstausfalls für die Zeit, die Sie im Militär- und Zivildienst sowie im Zivilschutzdienst verbringen.

Mehr Informationen dazu finden Sie im Kapitel ┈┈┤ Arbeit & Arbeitslosigkeit und im Kapitel ┈┈┤ Kinder & Familie, Abschnitt Mutterschaftsversicherung).

Wenn alle Stricke reissen – Sozialhilfe

Nicht zu den Sozialversicherungen zählt die Sozialhilfe, früher auch Fürsorge genannt. Sie funktioniert nach dem Bedarfsprinzip und sorgt dafür, dass in einer Notlage in jedem Fall das Existenzminimum gewährleistet ist. Dies gilt vor allem dann, wenn Bedürftige durch die Maschen des Sozialversicherungsnetzes fallen: Nur wenn die oben genannten Sozialversicherungen – einschliesslich Ergänzungsleistungen und familiäre oder private Hilfe – nicht ausreichen, setzt die zusätzliche staatliche Sozialhilfe ein.

Nach 2006 erstmals veröffentlichten gesamtschweizerischen Zahlen des Bundesamts für Statistik sicherte die Sozialhilfe im Jahr 2004 rund 220 000 Menschen in der Schweiz ganz oder teilweise ihre materielle Existenz. Diese Zahl nimmt seither tendenziell zu, obwohl es dem Land wirtschaftlich nicht schlecht geht. Betroffen sind insbesondere Jugendliche und junge Erwachsene. Die Sozialhilfe kostet rund drei Milliarden Franken pro Jahr, also etwa halb so viel wie die Arbeitslosenversicherung und ein Drittel der Invalidenversicherung.

Wenn Sie sich in einer vorübergehenden oder andauernden finanziellen Notlage befinden, die Sie selbst nicht beheben können, haben Sie in der Schweiz Anspruch auf finanzielle Hilfe. Die Sozialhilfe bietet Ihnen Beratung, finanzielle Unterstützung sowie andere Dienstleistungen und ermöglicht Ihnen damit ein menschenwürdiges Leben. Das Anrecht auf Hilfe haben Sie ungeachtet der Ursachen Ihrer Notlage. Die Sozialhilfe ist jedoch bestrebt, die Eigenverantwortung und Selbstständigkeit der Hilfesuchenden zu stärken. Eine Besonderheit der Sozialhilfe ist das so genannte Individualisierungsprinzip: Dabei wird nach dem Grundsatz «Hilfe zur Selbsthilfe» wo immer möglich eine Veränderung der Lebenssituation angestrebt und gemeinsam mit den Betroffenen ein Weg aus der wirtschaftlichen Abhängigkeit erarbeitet.

Fallbeispiel: Sozialhilfe

Karin B. ist 35 Jahre alt, lebt in Basel und ist vollzeitlich im kaufmännischen Bereich tätig. Nachdem sie seit ihrer Ausbildung ununterbrochen gearbeitet hat, gönnt sie sich 1993 einen unbezahlten Urlaub und reist nach Afrika. Dort verliebt sie sich in John B. und heiratet ihn 1995 in Afrika. Da bald darauf das erste Kind unterwegs ist, beschliesst das Ehepaar, in die Schweiz zu ziehen, wo Karin B. für den Lebensunterhalt der Familie aufkommen will. Ihr Kind kommt im Juni 1996 zur Welt – leider wird bei dem Jungen eine schwere Behinderung diagnostiziert. Er benötigt eine dauernde Betreuung durch die Mutter. Da John B. keine Ausbildung absolviert hat und bloss über eine Aufenthaltsbewilligung B verfügt, findet er nur eine Stelle in der Gastronomie. Sein Gehalt beträgt 2100 Franken monatlich: Trotz günstiger Miete und einem Zuschuss von 460 Franken pro Monat für die Hauswartsstelle reicht der Lohn für den Lebensunterhalt der Familie nicht aus. Karin und John B. können Miete und Krankenkasse nicht mehr bezahlen – sie verschulden sich. In ihrer Not wendet sich Karin B. an die Sozialhilfe und wird ab Januar 1997 finanziell unterstützt. Damit sie die günstige Wohnung und die dazugehörige Hauswartsstelle behalten können, unterbreiten sie dem Vermieter einen Abzahlungsvorschlag, den dieser akzeptiert. Bald wird klar, dass in erster Linie für John B. eine besser bezahlte Stelle gesucht werden muss. Um seine Chancen zu heben, besucht er einen Deutschkurs. Trotz intensiver Suche gelingt es ihm jedoch nicht, eine andere Stelle zu finden. Im Gegenteil: Er wird sogar arbeitslos, da das Restaurant schliesst. Anfang 1998 gelingt es John B. endlich, eine neue Stelle im Verkauf zu finden. Leider verdient er auch an diesem Arbeitsplatz nicht mehr Lohn. Die Familie muss deshalb weiterhin Sozialhilfe beziehen. Die fortgeführte Stellensuche von John B. scheitert meist an seiner Aufenthaltsbewilligung B. Im Frühling 2000, kurz vor dem vierten Geburtstag ihres Kindes, entscheidet sich Karin B., vorerst teilzeitlich wieder zu arbeiten. Sie findet mit Hilfe des Sozialamts eine geeignete Pflegestelle für ihr Kind und tritt Anfang Juli eine 50-Prozent-Stelle in einem Advokaturbüro an. So kann sich die Familie nach drei Jahren wieder von der Sozialhilfe lösen.

Beiträge an die Sozialhilfe

Sozialhilfeleistungen werden aus Steuergeldern finanziert und müssen grundsätzlich zurückgezahlt werden (→ Rückerstattung, S. 110). Die Sozialhilfe liegt im Kompetenzbereich der Kantone oder Gemeinden und ist auf deren jeweilige Verhältnisse zugeschnitten. Der Bund beteiligt sich nur an der Sozialhilfe im Asylbereich.

Leistungen aus der Sozialhilfe

Sozialhilfe kann neben Geld auch Naturalleistungen oder Kostengutsprachen umfassen. Die Schweizerische Konferenz für Sozialhilfe (SKOS) stellt Richtlinien für die Ausgestaltung und Bemessung der Sozialhilfe auf. Es sind Empfehlungen zuhanden der Sozialhilfeorgane der Kantone, der Gemeinden und der Organisationen der privaten Sozialhilfe. Die Hilfe erfolgt in der Regel durch die Sozialbehörden der Gemeinde. Um Sozialhilfe können Sie persönlich bei den entsprechenden Stellen vorsprechen, oder Sie können ein Gesuch schriftlich einreichen. Sie sind verpflichtet, dabei wahrheitsgetreu und vollständig Auskunft über Ihre Einkommens- und Vermögensverhältnisse zu geben. Dazu müssen Sie der zuständigen Behörde Einsicht in Unterlagen wie Mietverträge oder Lohnabrechnungen geben. Wenn Sie mit dem Ergebnis der Abklärungen und dem Entscheid nicht einverstanden sind, haben Sie die Möglichkeit, vom zuständigen Amt einen schriftlichen Entscheid zu verlangen, gegen den Sie Einsprache erheben können.

Liste der kantonalen Sozialhilfegesetze:

www.lexgo.ch und
www.sozialinfo.ch/links/gesetze.php

Schweizerische Konferenz für Sozialhilfe (SKOS)
Mühlenplatz 3
3011 Bern
Tel. 031 326 19 19, Fax 031 326 19 10
admin@skos.ch
www.skos.ch

Private Sozialhilfe

Neben der staatlichen Sozialhilfe gibt es zahlreiche gemeinnützige Institutionen, die bedürftige Menschen mit Dienstleistungen und materieller Hilfe unterstützen. Die private Sozialhilfe ist ein unverzichtbarer Bestandteil des Netzes der sozialen Sicherheit in der Schweiz. In Teilbereichen des Sozialwesens – zum Beispiel bei den Angeboten für Betagte, Kinder, behinderte Menschen, Suchtkranke und auch in der Betreuung von Flüchtlingen und Asylsuchenden – haben Bund und Kantone wichtige Aufgaben den privaten Sozialhilfeorganisationen übertragen.

Sozialhilfe im Asylbereich

Die öffentliche Sozialhilfe unterstützt auch mittellose Asylsuchende, vorläufig aufgenommene Asylbewerberinnen und Asylbewerber, Schutzbedürftige und anerkannte Flüchtlinge. Sie erhalten ein Existenzminimum und sind zudem gegen Krankheit versichert. Asylsuchende, die einen Nichteintretensentscheid erhalten haben, können seit 2004 keine Sozialhilfe mehr beziehen, nur noch Nothilfe.

Sozialhilfe für Auslandschweizer

Schweizerinnen und Schweizer, die im Ausland in Existenznöte geraten und von den Sozialdiensten im jeweiligen Land zu wenig Hilfe bekommen, können sich an die Sozialhilfe für Auslandschweizerinnen und Auslandschweizer des Bundes (SAS) oder an die Auslandschweizer-Organisation (ASO) wenden. Je nach Situation leistet die Fachstelle SAS finanzielle Hilfe auf Vorschussbasis, oder sie ermöglicht die Rückkehr in die Schweiz. Im Ausland können Sie sich bei der nächsten schweizerischen Vertretung melden – also bei der Botschaft, dem Generalkonsulat oder dem Konsulat. Eine Ausnahmeregelung besteht, wenn Sie in Deutschland oder in Frankreich wohnen: Dann können Sie sich an die zuständigen Sozialhilfestellen des Aufenthaltsstaats wenden. Sind Auslandschweizerinnen und Auslandschweizer in die Schweiz zurückgekehrt oder halten sich vorübergehend hier auf, ist der Sozialdienst am Wohn- und Aufenthaltsort für Sozialhilfeleistungen zuständig.

Auslandschweizer-Organisation ASO

Alpenstrasse 26

3006 Bern

Tel. 031 356 61 00, Fax 031 356 61 01

info@aso.ch

www.aso.ch

Sozialhilfe für Auslandschweizerinnen und Auslandschweizer SAS

Bundesamt für Justiz

Bundesrain 20

3003 Bern

Tel. 031 324 80 48

Missbrauch

Die Sozialhilfe kämpft aktiv gegen Missbräuche. So kann sie etwa durch Vollmachten bei Banken, Arbeitgebern oder anderen Stellen Einsicht in die Finanzverhältnisse der Bezügerinnen und Bezüger verlangen. Missbrauch kommt deshalb nicht so häufig vor, wie es von der Öffentlichkeit zuweilen geglaubt wird. Falls Sie das Vertrauen der Sozialhilfe missbrauchen, können Ihnen die Leistungen während zwölf Monaten bis zu 15 Prozent gekürzt werden. Eine vollständige Einstellung der finanziellen Unterstützung ist nur in Ausnahmefällen zulässig: etwa dann, wenn Sie in Kenntnis der Konsequenzen Ihres Handelns eine zumutbare Arbeit ausdrücklich und konsequent ablehnen.

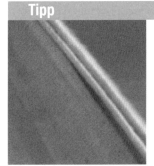

Tipp

Natürlich ist es sehr verlockend, in einer finanziellen Krise einen Kleinkredit aufzunehmen, doch die Folgen sind oft schlimmer, als man denkt. Leicht können Sie so in die Schuldenfalle geraten. Bevor Sie also einen solchen Schritt unternehmen, überlegen Sie genau, ob Sie während der Tilgungsdauer der Schuld von einem bis drei Jahren tatsächlich die monatlichen Rückzahlungsraten pünktlich und regelmässig bezahlen können. Die Zinsen betragen je nach Bank zwischen 11 und 18 Prozent.

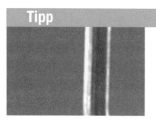

Tipp

Falls Sie Geld bei Freunden oder Kolleginnen ausleihen, sollten Sie eine Quittung ausstellen und genau Buch über die Verwendung des Darlehens führen. Legen Sie zudem in einem schriftlichen Vertrag den Betrag, den Rückzahlungsmodus und den Zeitpunkt der Rückzahlung fest.

Rückerstattung

Sozialhilfe gilt nur als bevorschusste Leistung in einer Notlage. Wenn Sie also Unterstützung von der Sozialhilfe bezogen haben, müssen Sie diese ganz oder teilweise zurückzahlen, sobald Sie wieder in finanziell günstigeren Verhältnissen leben. Die Rückerstattungspflicht erstreckt sich auch auf die Erben, und zwar bis maximal zur Höhe ihres Erbanteils. Ausnahmen gelten in gewissen Kantonen nur, wenn die materielle Hilfe während der Dauer eines sozialen Eingliederungsvertrags oder vor dem vollendeten 20. Lebensjahr bezogen wurde. Nach Beendigung der finanziellen Hilfe wird periodisch geprüft, ob Ihre wirtschaftlichen Verhältnisse Rückzahlungen zulassen. Der Anspruch des Staats auf Rückerstattung erlischt je nach Kanton erst 20 Jahre nach der letzten Hilfeleistung. In den Kantonen Waadt und Genf existiert keine Rückerstattungspflicht mehr.

Verwandtenunterstützung

Die Verwandtenunterstützung geht der Sozialhilfe grundsätzlich vor. Verwandtschaftliche Bande sind heute allerdings nicht mehr so eng geknüpft wie noch vor Jahrzehnten, Gemeinschaftssinn und gegenseitige Hilfe verkümmern. Das öffentliche Sozialwesen wird deshalb zunehmend verantwortlich für die Daseinsvorsorge und -fürsorge. Trotzdem sind Grosseltern, Eltern und Kinder von bedürftigen Personen in aufsteigender und absteigender Linie weiterhin zu Hilfe verpflichtet. Ausnahmen gelten nur bei Stiefeltern und Stiefkindern: Sie sind weder zur Unterstützung verpflichtet noch unterstützungsberechtigt. Zudem wird die Unterstützungspflicht bei besonderen Umständen – wie schweren Verbrechen gegenüber nahe verbundenen Personen oder grober Verletzung der familienrechtlichen Pflichten – ermässigt oder sogar aufgehoben. Wenn Familien ihre betreuerische oder finanzielle Hilfe vernachlässigen, obwohl sie dazu in der Lage wären, fordert das Gemeinwesen die bevorschussten Geldleistungen oder einen Teil davon zurück und verpflichtet die Verwandten dazu, in Zukunft die Verantwortung zu übernehmen. Dies natürlich nur, wenn es ihre finanziellen Verhältnissen zulassen. Das Sozialamt klärt die wirtschaftliche Situation genau ab, bevor es finanzielle Unterstützung leistet.

Fallbeispiel: Verwandtenunterstützung

Stefan W. ist 30 Jahre alt und wohnt im Kanton St. Gallen. Er wird seit drei Monaten von der Sozialhilfe unterstützt: Wegen seiner Spielsucht ist er in ein tiefes finanzielles Loch gefallen. Trotz allem halten seine Eltern Hans und Agnes W. zu ihrem Sohn. Das Verhältnis ist zwar zwischenzeitlich etwas angespannt, da sich die Eltern Sorgen machen, doch noch immer sehr eng. Stefan W. besucht seine Eltern regelmässig und hat sie auch über seine finanzielle Situation aufgeklärt. Hans und Agnes W. wissen zwar, dass ihr Sohn Sozialhilfe bezieht, und stecken dem jungen Mann auch ab und an etwas Geld zu. Dass sie als Verwandte an eine Unterstützungspflicht gebunden sind, erfahren sie jedoch erst beim Anruf der Sozialarbeiterin, die ihren Sohn betreut. Die Eltern verfügen über ein steuerpflichtiges Einkommen von 105 000 Franken und ein steuerbares Vermögen von 220 000 Franken. Unter Berücksichtigung der gewohnten Lebensführung, der zu erwartenden Verpflichtungen und weiterer Faktoren wird ein Verwandten-Unterstützungsbeitrag von 400 Franken pro Monat vereinbart. Zudem müssen Hans und Agnes W. auch für die vorangegangenen drei Monate, in denen Stefan W. bereits Sozialhilfe bezogen hat, ihren Beitrag leisten.

Weitere Adressen und Links

Bundesamt für Sozialversicherung (BSV)
Effingerstrasse 20
3003 Bern
Tel. 031 322 90 11, Fax 031 322 78 80
www.bsv.admin.ch

Schweizerische Konferenz für Sozialhilfe (SKOS)
Mühlenplatz 3
3011 Bern
Tel. 031 326 19 19, Fax 031 326 19 10
admin@skos.ch
www.skos.ch

Suva Hauptsitz
Fluhmattstrasse 1
6002 Luzern
Tel. 041 419 51 11, Fax 041 419 58 28
www.suva.ch

Schweizerischer Versicherungsverband
www.svv.ch

Schweizerische Inkassostelle für Radio- und Fernsehempfangsge-
bühren Billag AG
www.billag.ch

5 Gesundheit

Gesundheit ist kostbar

Gesundheit ist ein wichtiger persönlicher und gesellschaftlicher Wert. Gesund zu sein und zu bleiben ist für alle erstrebenswert. Wer sich körperlich und seelisch wohl fühlt, hat Freude am Leben, ist leistungsfähig und auch belastbar. Was Gesundheit wirklich bedeutet, erkennen wir allerdings oft erst, wenn wir krank werden. Welche Einschränkungen mit dem Verlust der Gesundheit verbunden sind, ist vor allem älteren Menschen bewusst, die selbst Krankheiten durchgestanden, gesundheitliche Probleme von Freunden und Verwandten miterlebt haben und die sich mit dem eigenen Lebensende auseinandersetzen.

Gesundheit zu fördern und zu erhalten erfordert vergleichsweise geringe Mittel. Teuer ist hingegen der Versuch, verlorene Gesundheit wiederherzustellen: In der Schweiz wurden 1998 im Gesundheitswesen 38 Milliarden Franken ausgegeben. 2003 waren es bereits gegen 50 Milliarden, für 2006 wurden Gesundheitsausgaben von 55 Milliarden erwartet (die Angaben lagen bei Redaktionsschluss noch nicht vor). Mehr als 90 Prozent der Gesundheitskosten fallen für stationäre oder ambulante Behandlungen und Medizin an. Deshalb können Gesundheitsförderung und Prävention einen entscheidenden Beitrag zur Kosteneindämmung leisten.

Pflege und Förderung der Gesundheit sind Aufgaben des Gesundheitswesens. Die Verantwortung ist auf verschiedene Ebenen verteilt: Der Bund befasst sich mit der Bekämpfung und Prävention von Infektionskrankheiten, mit Forschung und dem Schutz der Umwelt. Die Kantone stellen die medizinische und pflegerische Versorgung der Bevölkerung sicher. Die Gemeinden sind für die örtliche Gesundheitspflege verantwortlich. Die obligatorische Kranken- und Unfallversicherung ist ein fester Bestandteil des Systems der sozialen Sicherheit in der Schweiz. Sie fördert die Prävention und hilft, dass zu erfahrenem Leid nicht auch noch finanzielle Not hinzukommt, welche die Situation zusätzlich verschlimmert.

Obligatorische Krankenversicherung (Grundversicherung)

Die obligatorische Krankenversicherung ist auch in der Schweiz Teil der sozialen Sicherheit. Unabhängig von ihrer Staatsangehörigkeit, müssen sich alle in der Schweiz wohnhaften oder erwerbstätigen Personen versichern. Von einer Familie muss also jedes Mitglied individuell versichert sein. Die Krankenversicherung ist auch obligatorisch, wenn Sie …

* als Ausländer oder Ausländerin eine Aufenthaltsbewilligung von drei Monaten und mehr haben.
* als Ausländer oder Ausländerin für weniger als drei Monate arbeiten und nicht über einen gleichwertigen ausländischen Versicherungsschutz verfügen.
* sich neu in der Schweiz niederlassen.
* als Schweizer oder als Schweizerin oder als Bürger oder Bürgerin eines EU- oder EFTA-Staates in der Schweiz erwerbstätig sind und in einem EU-Mitgliedsstaat, in Island oder Norwegen wohnen. Dies gilt auch für Ihre nicht erwerbstätigen Angehörigen.
* als Schweizerin oder Schweizer oder als Bürgerin oder Bürger eines EU- oder EFTA-Staates ausschliesslich eine Rente aus der Schweiz beziehen und in einem EU-Mitgliedsstaat, in Island oder Norwegen wohnen. Auch dies gilt für Ihre nicht erwerbstätigen Angehörigen.

Wenn Sie neu in die Schweiz zugezogen sind, müssen Sie innert dreier Monate eine Krankenversicherung abschliessen. Auch Ihre neugeborenen Kinder müssen Sie innerhalb dieser Frist anmelden. Es ist wichtig, dass Sie sich rechtzeitig versichern, denn die Krankenversicherung vergütet Ihnen auch rückwirkend die Auslagen, wenn Sie sich innerhalb der Frist anmelden. Falls Sie die Frist nicht einhalten, bezahlen Sie einen Zuschlag, und auch eventuell bereits entstandene Kosten werden von der Versicherung in diesem Falle nicht bezahlt.

Beiträge an die obligatorische Krankenversicherung

Die Versicherung können Sie frei wählen: In der Schweiz stehen Ihnen rund 90 Krankenkassen zur Verfügung. Jede Krankenkasse muss Sie ungeachtet Ihres Alters oder bestehender Krankheiten ohne Versicherungsvorbehalte in die Grundversicherung aufnehmen.

Tipp

Durch Prämienoptionierung oder durch den Wechsel zu einer anderen Krankenkasse können Sie im Bereich der Grundversicherung unter Umständen viel Geld sparen. Jedes Jahr im Oktober stellt das Bundesamt für Gesundheit eine Übersicht über die Grundversicherungsprämien pro Kanton zur Verfügung: www.praemien.admin.ch.

Tipp: Versicherungswechsel

Wenn Sie auf den 1. Januar Ihre Grundversicherung bei einer anderen Krankenkasse abschliessen möchten, können Sie jeweils bis Ende November Ihre bisherige Krankenversicherung künden. Tun Sie das rechtzeitig: Ihr Schreiben muss spätestens am 30. November bei Ihrer Krankenkasse eintreffen. Melden Sie sich auch frühzeitig bei Ihrem neuen Versicherer an. Der Wechsel wird erst in dem Moment vollzogen, in dem der neue Versicherer dem bisherigen mitteilt, dass es zu keinem Versicherungsunterbruch kommt. Ohne diese Information kommt der Wechsel nicht zustande.

Fallbeispiel: Versicherungswechsel

Käthi M. lebt in Bern und ist bei der Krankenkasse A versichert. Sie bezahlt monatlich 320 Franken Prämie. Im Herbst 2006 stellt sie fest, dass die Krankenkasse B zu denselben Bedingungen weniger Prämien verlangt, nämlich monatlich nur 250 Franken. Sie beschliesst deshalb, den Versicherer zu wechseln, kündigt fristgerecht bei ihrer bisherigen Kasse A und meldet sich bei der Kasse B an. Sie staunt, als sie im Januar und im Februar 2007 erneut Prämienrechnungen der Krankenkasse A erhält, obwohl sie ihrem bisherigen Versicherer gekündigt hat. Als sie nachfragt, erfährt Käthi M., dass ihre neue Krankenkasse B die Bestätigung an Krankenkasse A erst im Februar zusandte. Sie bleibt bis Ende Februar bei der Krankenkasse A versichert, muss jedoch für den Fehler der Krankenkasse B nicht mehr Prämien bezahlen: Ihre neue Krankenkasse B muss ihr die Differenz der Prämien für zwei Monate – also 140 Franken – zurückerstatten.

Prämien

Jede Person bezahlt ihre eigenen Prämien, die sogenannte Kopfprämie. Die meisten Krankenversicherer bieten günstigere Prämien für Kinder (bis zum 18. Altersjahr) und Jugendliche (vom 19. bis zum 25. Altersjahr) an. Die Prämien sind unabhängig von Ihrem Einkommen, sie sind jedoch je nach Krankenkasse und Wohnort verschieden.

Bis zu 20 Prozent Prämien sparen Sie, wenn Sie sich einer so genannten HMO-Versicherung (Health Maintenance Organization) oder einem Hausarztmodell anschliessen. Dafür verzichten Sie auf die freie Wahl der Ärztin oder der Arztes und des Spitals und lassen sich stattdessen in einem HMO-Zentrum behandeln, zum Beispiel in einer Gruppenpraxis. Beim Hausarztmodell verpflichten Sie sich, immer zuerst Ihren Hausarzt zu konsultieren, der dann entscheidet, ob Sie allenfalls von einer Spezialistin oder einem Spezialisten behandelt werden müssen. Ebenfalls Prämien sparen können Sie, wenn Sie einer Bonusversicherung beitreten. Die Ausgangsprämie ist dabei zwar zehn Prozent höher als die ordentliche Prämie. Sie sinkt aber mit jedem Jahr, in dem Sie sich keine Rechnung vergüten lassen. So kann sie innerhalb von fünf Jahren nur noch die Hälfte der Ausgangsprämie betragen.

Kostenbeteiligung

Einen Teil der Behandlungskosten müssen Sie selbst bezahlen. Diese Kostenbeteiligung setzt sich zusammen aus:

- … der Franchise. Sie beträgt im Minimum 300 Franken pro Jahr, wobei Kinder und Jugendliche bis 18 Jahren keine Franchise bezahlen müssen. Um die Prämie zu senken, können Sie freiwillig eine höhere Franchise wählen.
- … dem Selbstbehalt. Dieser beträgt 10 Prozent der die Franchise übersteigenden Kosten, ausgenommen für Originalpräparate, die durch Generika – das heisst Nachbildungen von Originalmedikamenten, deren Patentschutz abgelaufen ist – austauschbar sind (20 Prozent). Der Selbstbehalt beläuft sich auf maximal 700 Franken pro Jahr. Bei Kindern und Jugendlichen ist der jährliche Selbstbehalt auf 350 Franken beschränkt.

Tipp

Sparen Sie bei der Franchise und beim Selbstbehalt, indem Sie sich bei Ihrem Arzt oder Ihrer Apothekerin nach Generika erkundigen. Ein Generikum ist in der Regel um ein Viertel oder sogar bis zur Hälfte günstiger als das Originalpräparat. Das Bundesamt für Gesundheit stellt Ihnen im Internet eine Generikaliste zur Verfügung:

www.bag.admin.ch/kv/gesetze/sl/d/index.htm

Eine Übersicht über die Preise von Originalpräparaten und von Generika finden Sie auch unter:

www.okgenerika.ch, oder www.krankenversicherer.ch

Zusatzversicherung

Die Zusatzversicherung ist freiwillig und gewährt Ihnen zusätzliche Leistungen und bietet mehr Komfort. So deckt sie etwa die Unterbringung in der halbprivaten oder privaten Abteilung eines Spitals. Daneben decken Zusatzversicherungen weitere Leistungen ab, wie zum Beispiel die Behandlung durch einen nicht ärztlichen Therapeuten oder eine gewöhnliche Zahnbehandlung. Die Prämien können sich dabei nach dem Risiko des Versicherten richten: Im Gegensatz zur Grundversicherung kann die Krankenkasse aufgrund des Gesundheitszustandes der Versicherten die Aufnahme in die Zusatzversicherung verweigern. Erkundigen Sie sich deshalb vor einer Kündigung der Zusatzversicherung immer bei der neuen Krankenkasse über die Aufnahmebedingungen. Vergleichen Sie dann, zu welchen Bedingungen Ihnen die neue Krankenkasse eine Zusatzversicherung anbietet. Achten Sie dabei besonders auf den Leistungsumfang, denn der kann je nach Versicherung sehr unterschiedlich ausfallen.

Tipp

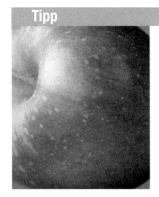

Falls Sie sich in die Grundversicherung einer anderen Krankenkasse aufnehmen lassen, die Zusatzversicherung jedoch bei Ihrem bisherigen Versicherer belassen möchten, darf Ihnen der bisherige Zusatzversicherer unter diesem Vorwand nicht kündigen. Sie müssen aber eventuell mit einem Zuschlag auf der Zusatzversicherungsprämie rechnen. Erkundigen Sie sich deshalb vor einem Wechsel bei Ihrer Krankenkasse nach den Bedingungen dieses Administrationskostenzuschlags. Der Zuschlag darf höchstens 50 Prozent der entsprechenden Bruttoprämie der Zusatzversicherung betragen.

Fallbeispiel: Krankenkassenprämien

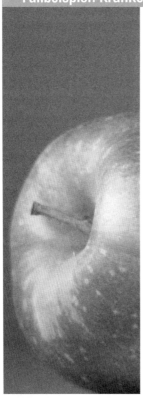

Elena W. ist 35 Jahre alt und wohnt in Basel. Sie ist bei der Krankenkasse Helsana grund- und zusatzversichert. Mit einem Selbstbehalt von 300 Franken würde Elena W. für die Grundversicherung 393.70 Franken im Monat bezahlen. Um Geld zu sparen, erhöht sie ihre Franchise auf 1500 Franken, die Prämie für die Grundversicherung sinkt um 73.60 Franken auf 320.10 Franken. Da Elena W. selbstständig erwerbend ist, lässt sie sich bei der Helsana auch gegen Unfall versichern. Dazu kommen verschiedene Zusatzversicherungen, die sich monatlich auf 42.10 Franken belaufen. Jeden Monat bezahlt Elena W. also Versicherungsprämien in der Höhe von 362.20 Franken. Nun muss sie im März und im Oktober zweimal für einen Krebsabstrich zum Frauenarzt, die Kosten belaufen sich mit den Laboranalysen auf 389.60 Franken. Wenn Elena W. ihre Franchise bei 300 Franken belassen hätte, müsste sie für kommende Arztrechnungen in diesem Jahr nur noch die zehn Prozent Selbstbehalt berappen. Die Franchise beträgt neu jedoch 1500 Franken und ist deshalb noch nicht ausgeschöpft. Elena W. ist selten krank und muss kaum zum Arzt, daher schöpft sie ihre Franchise seit Jahren nie aus und bezahlt ihre jährlichen Arztrechnungen meist selbst. Sie könnte daher – wenn sie das Risiko tragen will – ihre Franchise sogar auf 2500 Franken erhöhen und hätte dann eine Grundversicherungsprämie von nur 258.80 Franken.

Individuelle Prämienverbilligung

Wenn Sie in bescheidenen wirtschaftlichen Verhältnissen leben, haben Sie und insbesondere auch Ihre Kinder und junge Erwachsene, die sich in Ausbildung befinden, Anrecht auf eine Prämienverbilligung, damit Sie die Prämien für die Grundversicherung bezahlen können. Ihr Wohnkanton legt den Kreis der Begünstigten, die Höhe der Beiträge und das Verfahren fest. Für die Überprüfung der Anspruchsberechtigung werden die aktuellen Einkommens- und Familienverhältnisse berücksichtigt. Falls Sie von der kantonalen Stelle nicht direkt über eine Verbilligung benachrichtigt werden, können Sie Ihren Anspruch bei der zuständigen Stelle Ihres Wohnkantons überprüfen lassen.

Die Adressen finden Sie unter:

http://www.bag.admin.ch/themen/krankenversicherung/00261/
index.html?lang=de

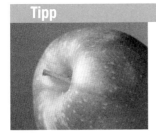

Tipp

Sie können die Grundversicherung Ihrer Krankenkasse sistieren, wenn Sie an mehr als 60 aufeinanderfolgenden Tagen der Militärversicherung unterstellt sind. Die Militärversicherung deckt während dieser Zeit alle Risiken ab. Weil für die Sistierung der Zusatzversicherungen unterschiedliche Regelungen gelten, sollten Sie sich für weitere Informationen an Ihre Krankenkasse wenden.

Leistungen aus der obligatorischen Krankenversicherung

Die Leistungen aus der Grundversicherung sind im Krankenversicherungsgesetz (KVG) festgelegt. Die obligatorische Krankenversicherung bezahlt Ihnen Leistungen bei Krankheit, Mutterschaft und Unfall, sofern nicht eine Unfallversicherung die Kosten deckt (⸺⸱ Abschnitt zur Unfallversicherung, S. 126 ff.). Die folgenden Leistungen werden von der Grundversicherung bezahlt:

Arztbesuche

Die Krankenkasse vergütet grundsätzlich alle Behandlungen, die mit einem Arztbesuch verbunden sind. Vergütet werden zudem Untersuchungen, die von einem Arzt angeordnet werden, etwa Röntgenbilder oder Laboranalysen. Auch die Kosten für ärztliche Psychotherapien und einen Beitrag an die Krankenpflege zu Hause durch die Spitex oder im Pflegeheim übernimmt die Grundversicherung – jedoch ebenfalls nur dann, wenn eine ärztliche Anordnung vorliegt.

Spital

Die Grundversicherung kommt für die Behandlung und den Aufenthalt in der allgemeinen Abteilung eines Spitals auf. Das Krankenhaus muss jedoch auf der Spitalliste Ihres Wohnkantons aufgeführt sein. Falls Sie in der halbprivaten oder privaten Abteilung behandelt werden möchten, müssen Sie die zusätzlichen Kosten selbst übernehmen, es sei denn, Sie haben eine entsprechende Zusatzversicherung abgeschlossen.

Tipp

Die Spitalliste Ihres Wohnkantons erhalten Sie bei Ihrer Krankenkasse oder bei der kantonalen Sanitäts- oder Gesundheitsdirektion. Wenn eine Behandlung ausserhalb des Wohnkantons aus medizinischen Gründen notwendig ist – etwa bei Notfällen oder Spezialbehandlungen –, werden die Kosten für die Behandlung ebenfalls übernommen. Das Spital muss jedoch auf der Liste des jeweiligen Kantons aufgeführt sein. Falls Sie sich freiwillig in einem Spital ausserhalb Ihres Wohnkantons behandeln lassen möchten, sollten Sie sich vorab bei Ihrer Krankenkasse informieren. Sie wird Ihnen mitteilen, welche Kosten von der Grundversicherung übernommen werden.

Medikamente

Wenn Ihre Ärztin Ihnen zur Behandlung Medikamente verschreibt, übernimmt die Grundversicherung Ihrer Krankenkasse die Kosten dafür. Die Medikamente müssen jedoch auf der Spezialitätenliste (www.sl.bag.admin.ch) aufgeführt sein.

Präventionsmassnahmen

Einzelne Präventionsmassnahmen übernimmt die Grundversicherung der Krankenkasse ebenfalls, wenn kein Verdacht auf eine Erkrankung besteht. Zur Gesundheitsvorsorge gehören Impfungen, die gemäss dem Impfplan des Bundesamts für Gesundheit festgelegt werden. Der Plan umfasst Impfungen gegen Tetanus, Diphtherie, Keuchhusten, Röteln, Masern, Mumps, Kinderlähmung und andere. Nicht bezahlt werden Reiseimpfungen, die Sie für einen Auslandaufenthalt brauchen, wie zum Beispiel Gelbfieberimpfungen oder Malariaprophylaxe.

Tipp

Wenn Sie über 65 Jahre alt sind oder an einer schweren Krankheit leiden, so dass eine Grippeerkrankung gravierende Folgen auf Ihre Gesundheit haben könnte, wird Ihnen auch die jährliche Grippeimpfung vergütet.

Zu den bezahlten Präventionsmassnahmen gehören auch acht Untersuchungen zur Kontrolle der Gesundheit und der normalen Entwicklung von Kindern im Vorschulalter. Zudem finanziert die Grundversicherung der Krankenkasse eine jährliche Mammografie zur Erkennung von Brustkrebs. Dies jedoch nur, wenn Ihre Mutter, Tochter oder Schwester an Brustkrebs erkrankt ist.

Mutterschaft und Spitalkosten für Neugeborene

Ausführliche Informationen dazu erhalten Sie im Kapitel ⸱⸱⸱⟩ Kinder & Familie.

Physiotherapie

Die Kosten für eine Physiotherapie sind von der Grundversicherung nur dann gedeckt, wenn die Behandlung von Ihrem Arzt verordnet wurde und von einem zugelassenen Physiotherapeuten durchgeführt wird. Es werden bis zu neun Sitzungen innerhalb von drei Monaten bezahlt. Im Unterschied zur Physiotherapie wird der Besuch bei einer Chiropraktikerin auch ohne ärztliche Verordnung vergütet.

Brillen und Kontaktlinsen

Wenn Sie eine Brille oder Kontaktlinsen benötigen, bezahlt Ihnen die obligatorische Krankenversicherung 180 Franken pro Jahr für Kinder und Jugendliche bis 18 Jahre, wobei Sie ein ärztliches Rezept vorweisen müssen. Wenn Sie älter als 19 Jahre alt sind, werden Ihnen nur noch alle fünf Jahre 180 Franken an die Kosten für Brillengläser und Kontaktlinsen vergütet. Dabei wird jedoch nur beim ersten Mal ein Rezept von einer Augenärztin verlangt, später können Sie den Sehtest bei einem Optiker vornehmen lassen.

Hilfsmittel und Apparate

Die Kosten für Hilfsmittel und Apparate wie Stützverbände, Inhalationsapparate oder Prothesen übernimmt die Krankenkasse bis zu einem bestimmten Höchstbetrag. So müssen die benötigten Hilfsmittel und Apparate etwa auf der Mittel- und Gegenständeliste des Bundesamts für Gesundheit aufgeführt sein. Diese Liste finden Sie unter: www.bag.admin.ch/themen/krankenversicherung/02874/index.html?lang=de#sprungmarke0_30.

Zahnbehandlungen

Zahnärztliche Behandlungen übernimmt die Grundversicherung nur, wenn sie mit schweren Erkrankungen im Zusammenhang stehen, wie etwa einer Erkrankung des Kausystems, Leukämie oder Herzklappenersatz. Wenn nach einem Unfall keine andere Versicherung die Zahnbehandlung übernimmt, deckt die Krankenkasse die Behandlungskosten ebenfalls. Zahnkorrekturen bei Kindern, zum Beispiel mit einer Zahnspange, bezahlt die obligatorische Krankenversicherung hingegen nicht.

Unfall

Wenn Sie keine obligatorische Unfallversicherung abgeschlossen haben (····⟩ Unfallversicherung, S. 126 ff.), müssen Sie sich bei Ihrer Krankenkasse gegen Unfall versichern.

Badekuren

Wenn Ihnen Ihre Ärztin eine Badekur verschreibt, vergütet Ihnen die Krankenkasse zehn Franken pro Tag – dies jedoch nur während 21 Tagen pro Jahr. Zudem müssen Sie den Kuraufenthalt in einem zugelassen Heilbad verbringen. Die zusätzlichen Kosten, die während einer Badekur entstehen können, etwa für Medikamente, ärztliche Behandlungen oder Physiotherapien, werden Ihnen von der Grundversicherung separat vergütet.

Pflege zu Hause oder im Pflegeheim

Einen Beitrag an die Kosten für pflegerische Leistungen zu Hause oder in einem Pflegeheim erbringt die Krankenkasse nur, wenn sie von einer Ärztin angeordnet wurden. Dazu
gehören Leistungen wie Spritzenverabreichen oder Verbändewechseln. Die Kosten für
eine Haushaltshilfe, die für Sie kocht, putzt und einkauft, bezahlt die Krankenkasse
hingegen nicht. Dasselbe gilt für den Aufenthalt in einem Pflegeheim: Kost und Logis
werden von der Krankenkasse nicht übernommen.

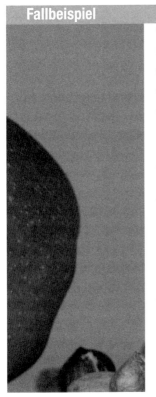

Fallbeispiel

Verena G. ist 80 Jahre alt und steht kurz vor dem Umzug in ein
Pflegeheim. Als wäre die Umstellung ihrer Lebenssituation nicht
schon schwierig genug, diagnostiziert ihr Arzt bei einer regelmässi-
gen Kontrolle auch noch Alterszucker. Verena G. braucht nun täglich
zwei Insulinspritzen, die sie sich jedoch nicht selbst verabreichen
kann, da sie Gicht in den Händen hat. Sie bezieht eine AHV-Rente von
13 200 Franken jährlich, ihr Vermögen wirft pro Jahr 2000 Franken
Zinsen ab. Damit hat sie im Jahr Einnahmen von 15 200 Franken.
Ihre Ausgaben für die Heimtaxe und die pflegerische Leistung belaufen sich aber auf 65 700 Franken. Mit den persönlichen Auslagen und
Krankenkassenprämien summieren sich ihre Ausgaben auf 72 900
Franken im Jahr. Verena G. beantragt Ergänzungsleistung aus der
AHV für den Fehlbetrag von 57 700 Franken (72 900 minus 15 200
Franken). Die Ergänzungsleistungen werden Verena G. in dieser Höhe
jedoch nicht gewährt, da die Krankenkasse die Kosten für die Pflege
im Altersheim, also für die tägliche Verabreichung der Insulinspritzen,
in der Höhe von 10 950 Franken jährlich vergütet. Nach Abzug dieser
Leistung aus der Krankenkasse bleibt trotzdem ein Fehlbetrag von
46 759 Franken jährlich. Für diese Differenz erhält Verena G. nun
Ergänzungsleistungen von 3895 Franken monatlich.

Notfallbehandlung in einem EU- oder EFTA-Staat

Wenn Sie während der Ferien in ein Land reisen, das der EU oder EFTA angeschlossen ist, müssen Sie vor der Abreise bei Ihrer Krankenkasse die europäische Versicherungskarte anfordern. Falls Sie in den Ferien krank werden sollten und eine ärztliche Behandlung benötigen, müssen Sie die Karte dem Arzt oder der aushelfenden Krankenkasse vorlegen. Für die Abrechnung gibt es zwei Möglichkeiten: Je nach Land werden die Behandlungskosten durch die entsprechende ausländische Stelle bezahlt und Ihrer Krankenkasse später in Rechnung gestellt. Oder aber Sie müssen vorübergehend die Kosten bezahlen und zu Hause eine Rückvergütung verlangen. Beim Bundesamt für Gesundheit kann das Merkblatt «Krankenversicherungsschutz in einem EU-/EFTA-Staat» unter www.bag.admin.ch/kv/beratung/d/index.htm bezogen werden.

Notfallbehandlung in einem Staat ausserhalb der EU und EFTA

In diesen Ländern bezahlt die Krankenkasse die Kosten bis zum doppelten Betrag, den die gleiche Behandlung in der Schweiz gekostet hätte. Falls Sie in Länder reisen, wo die Gesundheits- und Transportkosten höher liegen, etwa in die USA, ist eine zusätzliche Reiseversicherung zu empfehlen. Erkundigen Sie sich vor der Abreise bei Ihrer Krankenkasse.

Transport und Rettung

Wenn Sie für die Fahrt zu einer Behandlung eine Ambulanz benötigen, übernimmt die Grundversicherung die Hälfte der Kosten. Die Leistungen sind jedoch auf einen Maximalbetrag von 500 Franken pro Jahr begrenzt. Dies gilt auch für Transporte im Ausland. Falls Sie in Lebensgefahr schweben und gerettet werden müssen, etwa nach einem Bergunfall oder bei einem Herzinfarkt, übernimmt die obligatorische Krankenversicherung ebenfalls die Hälfte der Rettungskosten, jedoch nur bis maximal 5 000 Franken pro Jahr. Die Kosten einer solchen Rettung werden allerdings nur in der Schweiz übernommen. Eine Rettung im Ausland müssen Sie selbst bezahlen.

Obligatorische Unfallversicherung (UV)

Die obligatorische Unfallversicherung gehört wie die Krankenversicherung zu den Sozialversicherungen. Mit ihren Leistungen hilft sie, nach einem Unfall den Schaden an der Gesundheit und in Bezug auf die Erwerbstätigkeit wiedergutzumachen.

Durch die Unfallversicherung sind die in der Schweiz beschäftigten Arbeitnehmerinnen und Arbeitnehmer obligatorisch gegen Berufsunfälle, Berufskrankheiten und Nichtberufsunfälle versichert. Gegen Nichtberufsunfälle sind Sie aber nur versichert, wenn Sie mehr als acht Stunden pro Woche bei einem Arbeitgeber beschäftigt sind. Für Selbstständigerwerbende und ihre Familienmitglieder ist die Unfallversicherung freiwillig. Wer Arbeitslosenentschädigung bezieht, ist von der Schweizerischen Unfallversicherungsanstalt Suva gegen Unfall versichert. Zu den Versicherten gehören auch:

- Heimarbeiterinnen,
- Auszubildende,
- Praktikantinnen,
- Volontäre,
- Menschen, die in Lehr- und Invalidenwerkstätten arbeiten,
- Hausangestellte,
- Reinigungspersonal in privaten Haushaltungen.

Nicht obligatorisch versichert sind nicht erwerbstätige Personen wie:

- Hausfrauen und -männer,
- Kinder,
- Studierende,
- Rentnerinnen und Rentner.

Diese Personen müssen sich im Rahmen der obligatorischen Krankenversicherung bei ihrer Krankenkasse, bei der Suva oder bei einem anderen zugelassenen Versicherer gegen Unfälle versichern.

Berufsunfälle

Zu den Berufsunfällen gehören Unfälle, die sich während der Arbeitszeit, während Arbeitspausen sowie vor und nach der Arbeit ereignen. Als Berufsunfall gilt ein solches Ereignis jedoch nur, wenn Sie sich befugterweise am Arbeitsplatz aufgehalten haben. Falls Sie gegen Nichtberufsunfälle nicht versichert sind, gelten Unfälle auf dem Arbeitsweg – abweichend vom Normalfall – als Berufsunfälle.

Nichtberufsunfälle

Dazu zählen Unfälle auf dem Arbeitsweg oder in der Freizeit, wie etwa Sport-, Verkehrs- oder Haushaltsunfälle.

Berufskrankheiten

Als Berufskrankheiten gelten Krankheiten, die bei der Arbeit ausschliesslich oder vorwiegend durch schädigende Stoffe oder bestimmte Arbeiten verursacht worden sind. Andere Krankheiten gelten nur dann als Berufskrankheiten, wenn nachgewiesen werden kann, dass sie ausschliesslich oder stark überwiegend durch die berufliche Tätigkeit ausgelöst worden sind.

Beiträge an die obligatorische Unfallversicherung

Die Arbeitgeber sind verpflichtet, ihre Arbeitnehmerinnen und Arbeitnehmer zu versichern. Wer mindestens acht Stunden bei einem Arbeitgeber tätig ist, kann seine Unfalldeckung beim Krankenversicherer sistieren.

Die Prämien für die Versicherung der Berufsunfälle und -krankheiten trägt der Arbeitgeber allein. Die Prämien für die Versicherung von Nichtberufsunfällen können hingegen dem Arbeitnehmer oder der Arbeitnehmerin vom Lohn abgezogen werden. Der Arbeitgeber bezahlt dem Unfallversicherer den gesamten Prämienbetrag – also für Berufsunfall, Berufskrankheit und Nichtberufsunfall – und zieht dann den Anteil des Angestellten von dessen Gehalt ab. Die Arbeitgeber sind verpflichtet, der AHV-Ausgleichskasse alle erforderlichen Auskünfte zu erteilen. Bei der Kündigung muss Ihnen Ihr Arbeitgeber ausserdem schriftlich mitteilen, dass Sie die Unfalldeckung wieder in die Krankenversicherung aufnehmen oder sich bei einem privaten Versicherer anmelden müssen. Dieselbe Pflicht hat die Arbeitslosenversicherung. Wenn der Arbeitgeber oder die Arbeitslosenversicherung Sie nicht informieren, können Sie für den betreffenden Zeitraum die Prämien für die Unfalldeckung samt Verzugszins von ihnen verlangen. Falls Sie jedoch, trotz Hinweis des Arbeitsgebers oder der Arbeitslosenversicherung, Ihrer Krankenkasse die veränderte Situation nicht gemeldet haben, müssen Sie die anfallenden Prämien mit Verzugszins selbst bezahlen.

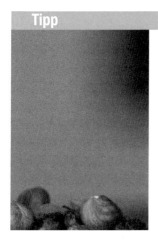

Tipp

Befinden Sie sich nicht in einem Angestelltenverhältnis, so sind Sie bei der obligatorischen Krankenversicherung automatisch gegen Unfall versichert. Falls Sie aber neu in ein Arbeitsverhältnis treten oder bei einem zugelassenen Versicherer eine Unfallversicherung abschliessen, bezahlen Sie doppelt. Prüfen Sie deshalb Ihre Versicherung, allenfalls können Sie die Unfalldeckung bei Ihrer Krankenkasse sistieren und so Prämien sparen. Sobald Sie jedoch – etwa infolge der Pensionierung – nicht mehr beim Arbeitgeber gegen Unfall versichert sind, müssen Sie dies Ihrer Krankenkasse oder einem Unfallversicherer Ihrer Wahl melden. Der Versicherungsschutz für Unfall gilt noch 30 Tage nach dem letzten Lohnanspruch.

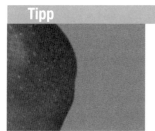

Tipp

Der Abschluss einer Unfallversicherung bei einem zugelassenen Versicherer, wie zum Beispiel bei der Suva, bietet einen besseren Schutz als die Unfalldeckung bei der Krankenkasse. Sie müssen sich weder mit einer Franchise noch mit einem Selbstbehalt an den Heilungskosten beteiligen. Ausserdem bieten Unfallversicherer Leistungen wie Taggelder, Renten oder Entschädigungen (siehe unten).

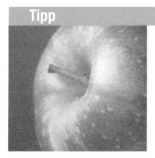

Tipp

Wenn Sie als Arbeitnehmer einen unbezahlten Urlaub nehmen, müssen Sie bedenken, dass Ihre obligatorische Unfallversicherung 30 Tage nach dem letzten Lohnanspruch erlischt. Beim Unfallversicherer Ihres Arbeitgebers können Sie die Versicherung aber während maximal 180 Tagen auf eigene Kosten weiterführen. Die sogenannte Abredeversicherung bietet einen weit umfassenderen Schutz als eine private Einzelunfallversicherung und ist erst noch günstiger.

Leistungen aus der obligatorischen Unfallversicherung

Die obligatorische Unfallversicherung beginnt am ersten Arbeitstag, spätestens auf dem Weg zur Arbeit. Die Versicherung endet am 30.Tag nach dem Tag, an dem Ihr Anspruch auf mindestens den halben Lohn aufhört. Als Lohn gelten auch Taggelder der Militär-, Mutterschafts- und Invalidenversicherung, aus der Erwerbsersatzordnung, der Krankenkasse sowie der privaten Kranken- und Unfallversicherer, welche die Lohnfortzahlung ersetzen.

Erleiden Sie einen Unfall, der eine ärztliche Behandlung erfordert oder Arbeitsunfähigkeit zur Folge hat, müssen Sie den Unfall unverzüglich Ihrem Arbeitgeber oder Ihrem Versicherer melden, damit Sie auch Leistungen beziehen können. Der Versicherer prüft von sich aus, ob Sie Anspruch auf Leistungen haben. Dazu gehören die folgenden Gelder:

Unfall- oder Krankentaggeld

Falls Sie durch einen Unfall oder eine Berufskrankheit voll oder teilweise arbeitsunfähig werden, so haben Sie als Arbeitnehmerin oder Arbeitnehmer einen gesetzlichen Anspruch auf Lohnfortzahlung. Das sogenannte Taggeld wird ab dem dritten Tag nach dem Unfall für jeden Kalendertag ausgerichtet. Es beträgt bei voller Arbeitsunfähigkeit 80 Prozent des versicherten Verdienstes, bei teilweiser Arbeitsunfähigkeit entsprechend weniger. Massgebend für die Bemessung der Taggelder aus der Unfallversicherung ist grundsätzlich der letzte vor dem Unfall bezogene Lohn.

Fallbeispiel: Taggelder

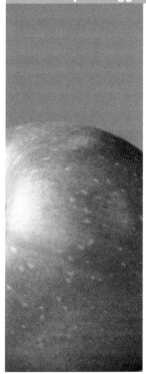

Ralph S. ist gelernter Forstwart und 42 Jahre alt. Er verdient monatlich 6500 Franken. Vor zwei Monaten hat er die Stelle gewechselt, weil ihn das höhere Gehalt lockte: An seinem vorherigen Arbeitsplatz erhielt Ralph S. nur einen Monatslohn von 6200 Franken. Als seine Arbeitskollegen mehrere Baumstämme durch den Wald transportieren, löst sich ein Baum aus der Halterung, rollt den Hang hinunter und trifft den im Tal arbeitenden Ralph S. Der Familienvater wird schwer verletzt ins Spital transportiert, er weist Brüche, Quetschungen und Prellungen auf. Damit sein Lebensunterhalt gesichert ist, bezahlt die Unfallversicherung ab dem dritten Tag Taggelder in der Höhe von 5200 Franken, also 80 Prozent seines versicherten Lohns. Doch trotz mehrerer Operationen bleibt Ralph S. körperlich behindert und ist nicht mehr erwerbsfähig. Er hat deshalb Anrecht auf eine Invalidenrente der Unfallversicherung, die allerdings weniger hoch ausfällt als die Taggelder. Zwar versichert die Invalidenrente ebenfalls 80 Prozent des Gehalts, hier gilt für die Bemessung jedoch der Lohn, der innerhalb eines Jahres vor dem Unfall bezogen wurde. Dieser beträgt 75 000 Franken (zehn Monate zu 6200 Franken plus zwei Monate zu 6500 Franken). Ralph S. erhält also eine monatliche Invalidenrente von 5000 Franken.

Invalidenrente

Neben der Invaliden- und Militärversicherung richtet auch die obligatorische Unfallversicherung eine Invalidenrente aus. Dies ist dann der Fall, wenn Sie durch die Folgen eines Unfalls invalid werden und trotz längerer ärztlicher Behandlung nicht gesund werden. Vorher müssen jedoch die Eingliederungsmassnahmen der Invalidenversicherung abgeklärt und abgeschlossen sein. Für die Berechnung des Invaliditätsgrades wird wie bei der Invalidenversicherung Ihre bisherige Arbeitsfähigkeit mit den jetzigen Erwerbsmöglichkeiten verglichen. Die Invalidenrente der Unfallversicherung beträgt bei Vollinvalidität 80 Prozent des versicherten Verdienstes, bei Teilinvalidität sinkt der Anspruch entsprechend. Für die Bemessung der Rente gilt der Lohn, den Sie innerhalb eines Jahres vor dem Unfall bezogen haben. Wenn Sie bereits eine Invalidenrente aus der IV beziehen, gewährt Ihnen die Unfallversicherung eine sogenannte Komplementärrente in der Höhe der Differenz zwischen 90 Prozent des versicherten Verdienstes und der IV-Rente.

Fallbeispiel Komplementärrente

Margrit S. ist 30 Jahre alt und arbeitet seit ihrer Ausbildung zur Gärtnerin vollzeitlich als Angestellte in einem kleineren Betrieb. Sie verdient jährlich 50 400 Franken und kommt so auf einen versicherten Monatslohn von 4200 Franken. Bei der Reinigung eines Gewächshausdachs gerät sie aus dem Gleichgewicht und stürzt fünf Meter in die Tiefe. Sie bleibt schwer verletzt liegen, bis ein Arbeitskollege sie entdeckt und die Ambulanz ruft. Trotz langer ärztlicher Behandlung bleibt Margrit S. voll erwerbsunfähig. Die Invalidenversicherung klärt allfällige Eingliederungsmassnahmen ab, doch leider wird Margrit S. nicht mehr arbeiten können. Sie hat deshalb Anspruch auf eine Vollrente der Invalidenversicherung, die – gemessen an den anrechenbaren Beitragsjahren, dem Erwerbseinkommen und den Erziehungs- und Betreuungsgutschriften der AHV – monatlich 2350 Franken beträgt. Von der Unfallversicherung erhält sie nun eine Komplementärrente, welche die Differenz zwischen ihrer IV-Rente und 90 Prozent ihres versicherten Lohns abdeckt. 90 Prozent von Margrit S.' versichertem Lohn sind 3780 Franken, sie erhält also eine Komplementärrente in der Höhe von 1430 Franken.

Integritätsentschädigung

Neben der Militärversicherung kennt auch die Unfallversicherung eine Integritätsentschädigung. Erleiden Sie durch einen Unfall eine dauernde erhebliche Schädigung der körperlichen oder geistigen Integrität – zum Beispiel den Verlust eines Organs oder eines Beines, Tetraplegie oder vollständige Blindheit –, erhalten Sie eine Integritätsentschädigung. Die Entschädigung erfolgt in Form einer Kapitalleistung, also einer einmaligen Zahlung, und wird entsprechend der Schwere des Schadens abgestuft.

Hilflosenentschädigung

Wenn Sie aufgrund von Invalidität für alltägliche Verrichtungen auf die Hilfe Dritter oder eine persönliche Überwachung angewiesen sind, so erhalten Sie zusätzlich zur Invalidenrente eine Hilflosenentschädigung aus der Unfallversicherung. Wenn die Hilflosigkeit auf einen UVG-versicherten Unfall zurückzuführen ist, so zahlt die Unfallversicherung die Hilflosenentschädigung, nicht aber die anderen Sozialversicherungen. Beziehen Sie bereits eine Hilflosenentschädigung aus der AHV, IV oder Militärversicherung, wird diese wegen Unfalls abgelöst oder erhöht.

Hinterlassenenrente

Falls eine versicherte Person an den Folgen eines Unfalls stirbt, so haben der überlebende Ehepartner und auch die Kinder Anspruch auf eine Hinterlassenenrente aus der Unfallversicherung. Die Rente wird in Prozenten des massgeblichen versicherten Verdienstes berechnet und beträgt für Witwen und Witwer 40 Prozent, für Halbwaisen 15 Prozent und für Vollwaisen 25 Prozent. Für alle Hinterlassenen zusammen darf die Rente jedoch höchstens 70 Prozent des Verdienstes ausmachen. Die Hinterlassenenrente für den geschiedenen Ehegatten oder die geschiedene Ehegattin entspricht nur 20 Prozent des versicherten Lohns, höchstens aber dem geschuldeten Unterhaltsbeitrag. Falls die Hinterlassenen bereits aus der IV oder AHV eine Rente beziehen, erhalten sie von der Unfallversicherung eine Komplementärrente (siehe Invalidenrente der Unfallversicherung). Der Anspruch auf Hinterlassenenrente erlischt, wenn Sie wieder heiraten. Die Hinterlassenenrente für Kinder endet mit der Vollendung des 18. Altersjahrs. Wenn die Kinder in diesem Alter noch eine Ausbildung absolvieren, erhalten sie die Hinterlassenenrente bis zum Abschluss der Ausbildung, jedoch längstens bis zum vollendeten 25. Altersjahr.

Weitere Adressen und Links

Bundesamt für Gesundheit (BAG)
3003 Bern
Tel. 031 322 21 11
Fax 031 323 37 72
www.bag.admin.ch

Ombudsman der sozialen Krankenversicherung
Morgartenstrasse 9
6003 Luzern
Tel. 041 226 10 10
Fax 041 226 10 13
info@om-kv.ch
www.ombudsman-kv.ch

Dachverband Schweizerischer Patientenstellen
Hofwiesenstrasse 3
8042 Zürich
Tel. 044 361 92 56
www.patientenstelle.ch

Schweizerische Patientenorganisation (SPO)
Postfach
8023 Zürich
Tel. 0900 56 70 47 (Fr. 2.13/min.)
www.spo.ch

Suva

Schweizerische Unfallversicherungsanstalt

Fluhmattstrasse 1

6002 Luzern

Tel. 041 419 51 11

Fax 041 419 58 28

www.suva.ch

Infos zur Krankenversicherung

www.krankenversicherung.ch

Prämienvergleich verschiedener Krankenkassen

www.krankenkassen.ch

Santé Suisse – Branchenverband der Schweizer

Krankenversicherer

www.santesuisse.ch

Verzeichnis kantonaler Stellen zur Prämienverbilligung

www.praemien.admin.ch/Liste_Praemienverbilligung.pdf

Ombudsman der Privatversicherung und der Suva

www.versicherungsombudsman.ch

6 Ökologie, Wohnen & Mobilität

Umsteigen lohnt sich

Vor dem Hintergrund weltweiter Umweltschäden, von Klimaveränderungen und Energie-engpässen, ständig zunehmendem Verkehr und ungelösten Entsorgungsproblemen ist seit den Neunzigerjahren ein breiter Grundkonsens über die Notwendigkeit einer nach-haltigen Entwicklung in verschiedenen Lebensbereichen entstanden. An internationalen Konferenzen (etwa am Weltgipfel von Rio de Janeiro 1992) werden u. a. die Ziele für den Schutz der Umwelt festgelegt, die beteiligten Länder verpflichten sich zum Handeln.

Die Schweiz, genauer das Bundesamt für Energie (BFE), lancierte deshalb im Jahr 2001 das Aktionsprogramm EnergieSchweiz, um die Ziele der Energie- und Klimapolitik umzusetzen und eine nachhaltige Energieversorgung zu fördern. Dazu gehören nicht nur die Einsparung von Energie und der Schutz der Ressourcen im täglichen Leben, sondern auch die Förderung von nachhaltigen und erneuerbaren Energien. Ökostrom nennt man die elektrische Energie, die umweltschonend und aus erneuerbaren Quellen produziert wird, etwa aus Sonnenenergie, Wasserkraft, Holz, Biomasse, Geothermie, Windenergie und Umgebungswärme. Im Gegensatz zu Öl, Kohle und Gas versiegen diese Energie-quellen nicht und sind zugleich CO_2-neutral. Die wichtigsten Quellen von Ökostrom in der Schweiz sind Sonnenstrahlung und Windkraft. Damit erneuerbare Energien auch in der breiten Öffentlichkeit vermehrt genutzt werden, unterstützt der Bund in Zusammen-arbeit mit den Kantonen und Gemeinden mittels Förderbeiträgen den Bau und die Sanie-rung von energiesparenden Häusern.

Im Bereich Mobilität wird mit Massnahmen zur Verkehrsberuhigung eine höhere Sicherheit und eine bessere Wohn- und Lebensqualität angestrebt. Zur Förderung von umweltfreundlicher Mobilität werden energieeffiziente Fahrzeuge mit der sogenannten EnergieEtikette ausgezeichnet, was Ihnen in einigen Kantonen steuerliche Vorteile bringt. Das Aktionsprogramm EnergieSchweiz unterstützt zudem Massnahmen zum ökologi-schen und ökonomischen Fahren.

Kantonale Förderprogramme bei Bau und Renovation von Gebäuden

Eine gute Gebäudeisolation, kontrollierte Lüftung, Sonnenenergie, Wärmepumpe oder Holzenergie: Es gibt viele Möglichkeiten, energiesparend und umweltgerecht zu bauen. Umweltfreundliches Bauen lohnt sich nicht nur zum Schutz der Natur, sondern schont sogar Ihr Budget: Energetisch vorbildliche Bauprojekte werden unter gewissen Bedingungen mit Förderbeiträgen der Kantone unterstützt. Und: Bei den dauernd steigenden Ölpreisen rechnen sich verschiedene Techniken auch ohne Unterstützung.

Diese kantonalen Programme werden vom Bund mit Globalbeiträgen, also einem Gesamtbeitrag, finanziert. Der Bund selbst unterhält kein eigenes Förderprogramm, er ist jedoch zuständig für die Wirkungsanalyse und die Kontrolle im Rahmen des Programms EnergieSchweiz. Jeder Kanton muss mindestens ebenso viel finanzielle Unterstützung leisten wie der Bund. Die Höhe der Bundesbeiträge berechnet sich aufgrund der Wirksamkeit der kantonalen Förderprogramme. Sie werden an jene Kantone ausbezahlt, die über ein eigenes Förderprogramm zur sparsamen und rationellen Energienutzung und zur Nutzung erneuerbarer Energien verfügen. Mit den Globalbeiträgen können die Kantone nach ihren Bedürfnissen Projekte unterstützen. Die Kantone gehören deshalb zu den wichtigsten Partnern beim Aktionsprogramm EnergieSchweiz: Sie betreiben regionale Energieberatungsstellen und die Förderprogramme. So können die Kantone dank gesetzlicher Massnahmen massgeblich zum Erreichen der Ziele von EnergieSchweiz beitragen. Zu diesen Zielen bis zum Jahr 2010 gehören:

- die Reduktion der CO_2-Emissionen bei den Brennstoffen um 15 Prozent gegenüber dem Stand von 1990;
- die Reduktion der CO_2-Emissionen bei den Treibstoffen um 8 Prozent gegenüber dem Stand von 1990;
- die Zunahme des Elektrizitätsverbrauchs um höchstens 5 Prozent gegenüber dem Stand von 2000;
- eine Steigerung des Anteils erneuerbarer Energien auf nahezu das doppelte Ausmass.

Leistungen aus den kantonalen Förderprogrammen

Um Leistungen aus den kantonalen Förderprogrammen zu erhalten, müssen Sie Ihr Beitragsgesuch bei der kantonalen Energieberatungsstelle oder beim jeweiligen Amt für Umwelt(schutz) einreichen. Erkundigen Sie sich, bevor Sie Ihr Gesuch um Finanzhilfe einreichen, bei der entsprechenden Stelle über die notwendigen und geforderten Unterlagen. Das Subventionsgesuch müssen Sie vor Baubeginn einreichen. Haben Sie einmal mit der Installation begonnen, verfällt Ihr Anspruch auf Fördergelder.

Da die Förderbeiträge von den Kantonen vergeben werden, fallen sie gesamtschweizerisch unterschiedlich aus. Die Kantone fördern folgende sparsame Energienutzungen:

- Aargau: Wärmepumpen, Holzfeuerung, Sonnenkollektoren, Fotovoltaik in Kombination mit Wärmepumpen, Minergie-Bauweise;
- Appenzell Ausserrhoden: thermische Solaranlagen, Stückholzfeuerungen, automatische Holzfeuerungen, Fernwärmeanschlüsse, Minergie-Bauweise, Gebäudehüllen-Sanierung bei nicht fossil beheizten Gebäuden;
- Appenzell Innerrhoden: Holzfeuerungsanlagen, Minergie-Bauweise, thermische Solaranlagen;
- Basel-Landschaft: Minergie-Sanierung, Minergie-P-Neubauten, Sonnenkollektorenanlagen, Holzenergieanlagen, Ersatz Elektroheizung durch Holzheizung oder Wärmepumpe;
- Basel-Stadt: thermische und fotovoltaische Sonnenenergieanlagen, Anlagen zur Wärmerückgewinnung, Anlagen mit neuer Technologie, Verbesserung der Gebäudehülle;
- Bern: Minergie-Neubauten und -Sanierungen, Minergie-P-Neubauten und -Sanierungen, Sonnenkollektoren, Holzenergie, Pilot- und Demonstrationsanlagen, flankierende Massnahmen;
- Freiburg: Minergie-Bauweise, Holzheizung, thermische und fotovoltaische Sonnenenergieanlagen, Pilot- und Demonstrationsanlagen;
- Genf: thermische und fotovoltaische Sonnenenergieanlagen, Holzheizung, Minergie-Bauweise, Ersatz von Elektroheizungen, Anlagen zur Wärmerückgewinnung, Demonstrations- und Pilotprojekte;
- Glarus: Minergie-Bauweise, Holzenergieanlagen, Sonnenkollektoren, Fotovoltaik;
- Graubünden: private haustechnische Anlagen werden nur bei einer Gebäudesanierung unterstützt – dazu gehören: Solaranlagen, Holzfeuerungen, Wärmepumpenanlagen und Komfortlüftungsanlagen;
- Jura: Sanierung der Gebäudehülle, Minergie-Neubauten und -Sanierung, Installationen für erneuerbare Energien wie Solaranlagen und Holzfeuerungen;
- Luzern: aktuell keine Vergabe von Förderbeiträgen, eine Vorlage ist im Kantonsrat;

- Neuenburg: zentrale Holzheizung bis 70 Kilowatt, Solaranlagen, Minergie-Bauweise,
- Nidwalden: thermische Solaranlagen, Holzheizungen als Ersatz bestehender Heizanlagen, Minergie-und Minergie P-Bauweise;
- Obwalden: keine Vergabe von Förderbeiträgen;
- St. Gallen: keine Vergabe von Förderbeiträgen;
- Schaffhausen: Minergie-Bauweise, Sonnenkollektoren, Holzheizungen, Biogas, Sanierung Gebäudehülle;
- Schwyz: keine Vergabe von Förderbeiträgen;
- Solothurn: Holzfeuerung, Sonnenkollektoren, Wärmepumpen als Ersatz für Elektroheizungen;
- Tessin: Holzheizung, Fotovoltaik;
- Thurgau: Minergie-Bauweise, thermische Solaranlagen, Holzfeuerungen, Biogasanlagen;
- Uri: Minergie-Neubauten und -Sanierungen, Sanierung Gebäudehülle, Wärmepumpen oder Holzheizungen als Ersatz für bestehende Heizungen, Sonnenkollektoren;
- Waadt: keine Vergabe von Förderbeiträgen;
- Wallis: Minergie-Bauweise, thermische Solaranlagen, Holzenergie;
- Zürich: Minergie-Sanierungen, grosse Holzheizungen, Wärmenutzung aus Wasser und Abwasser, Abwärmenutzung aus gebäudeexternen Industrieprozessen, Erweiterung von Wärmenetzen und Kesselersatz bestehender Holzheizungen;
- Zug: Nutzung von Zuger Holz zur Wärmeerzeugung.

Im Fürstentum Liechtenstein werden unterstützt: Altbausanierungen, Haustechnikanlagen, Sonnenkollektoren, Fotovoltaik, Demonstrationsanlagen.

Erkundigen Sie sich bei Ihrer kantonalen Energiefachstelle über Einzelheiten des Förderprogramms in Ihrem Kanton oder Ihrer Gemeinde. Auf der Internetseite www.energie-schweiz.ch («Dienstleistungen» anklicken) finden Sie weitere Informationen zu umweltfreundlichen Massnahmen, die Sie bei Neubauten und Renovationen einsetzen können. Gemeinden, die sich verpflichtet haben, in ihrem Gebiet die Ziele von EnergieSchweiz zu erreichen, verfügen über eigene Beratungsstellen. Diese können neben einer Energieberatung auch finanzielle Unterstützung bieten.

Förderbeiträge vom Kanton oder von der Gemeinde erhalten Sie meist nur, wenn die Gelder in den Bau oder eine Sanierung von ganzjährig bewohnten Häusern oder ständig genutzten Anlagen fliessen. Diese Vorschrift dient dem effizienten Einsatz der Förderbeiträge. Erkundigen Sie sich beim Bau eines energieeffizienten Ferienhauses vorher bei der kantonalen Energieberatungsstelle, ob Sie Förderbeiträge zugute haben.

Mehr Informationen über die Internetadresse

www.energie-schweiz.ch

Dort finden Sie auch die Adressen aller kantonalen Energiefachstellen und Energieberatungsstellen.

Die Adressen der kantonalen Ämter für Umwelt bzw. Umweltschutz finden Sie auf der Internetseite der Konferenz der Vorsteher der Umweltschutzämter der Schweiz (KVU):

www.kvu.ch

Fallbeispiel: Förderbeiträge für eine Solaranlage

Bettina und Joachim A. wohnen im Wallis und planen die Sanierung ihres Einfamilienhauses. Da die Lage sehr sonnig und das Land auf der Südseite des Hauses unverbaubar ist, beschliesst das Ehepaar, für die Warmwasseraufbereitung Sonnenkollektoren zu installieren. Zwar sind die Investitionskosten relativ hoch, Bettina und Joachim A. können jedoch von Förderbeiträgen des Kantons und von der kostenlosen Sonnenenergie profitieren. Sie entscheiden sich für eine Kompaktsolaranlage mit fünf Quadratmeter Sonnenkollektoren. Der Preis der Anlage inklusive Steuerung, Speicher, Kollektoren und Installation beläuft sich auf 12 000 Franken. Der Kanton Wallis bezahlt Bettina und Joachim A. Förderbeiträge in Form einer Pauschale von 1500 Franken, was die Investitionskosten auf 10 500 Franken reduziert. Zwar ist die Installation einer Solaranlage verglichen mit einer Ölheizung oder einem Elektrowasserwärmer deutlich teurer. Im Gegensatz zu Öl und Elektrizität ist die Sonnenenergie jedoch gratis. Die jährlichen Wartungskosten der Solaranlagen belaufen sich auf knapp 200 Franken. Die Energiekosten für die Wassererwärmung mit Öl hingegen erreichen je nach Ölpreis 240 Franken im Jahr (400 Kilogramm zu 60 Franken für 100 Kilogramm Öl). Noch teurer sind die Heizkosten eines Elektrowasserwärmers mit jährlich 420 Franken (3500 Kilowattstunden zu 12 Rappen pro Kilowattstunde).

Tipp

Achten Sie beim Kauf von Sonnenkollektoren und Wärmepumpen auf die Zertifizierung. Förderbeiträge für Solaranlagen etwa sind in der Regel daran gebunden, dass die eingesetzten Kollektoren die europäische Norm erfüllen.

Mehr Informationen dazu finden Sie unter www.swissolar.ch und www.solarserver.de.

Tipp

Falls Sie auf Ihrem Haus eine Solaranlage installieren, sollten Sie diese umgehend bei der Versicherung anmelden. So werden Schäden, die durch Blitzschlag an der elektrischen Steuerung oder an den Kollektoren entstehen können, in den Versicherungsschutz aufgenommen.

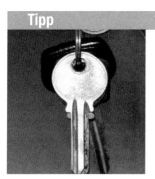

Tipp

Neben den kantonalen Förderbeiträgen können Sie auch Gelder der Stiftung Klimarappen beantragen. Das Gebäudeprogramm der Stiftung konzentriert sich auf die energetische Erneuerung von Gebäudehüllen bestehender Wohn- und Geschäftsbauten. Das Programm wurde in Absprache mit der Konferenz der kantonalen Energiedirektoren ausgearbeitet. Deshalb ergänzt es die Aktivitäten der Kantone bei der Haustechnik und den erneuerbaren Energien optimal. Mehr Informationen finden Sie unter www.klimarappen.ch.

Tipp

Für Minergie-Bauten und -Sanierungen gewähren gewisse Banken Hypotheken zu Vorzugszinsen. Die Förderpolitik der Banken ist unterschiedlich: Einige gewähren bei Neubauten nach ökologischen Richtlinien spezielle Ökohypotheken, andere sprechen diese Beiträge nur bei Renovierungsarbeiten. Und Grossbanken verzichten ganz auf dieses Nischenprodukt. Zu den fortschrittlichsten Finanzinstituten für Ökohypotheken gehören die Alternative Bank Schweiz, die Bank Coop, die Raiffeisenbanken sowie mehrere Kantonalbanken. Bei diesen Banken können Sie jährlich 3000 bis 5000 Franken an Hypothekarzinsen sparen.

Tipp

Falls Sie ein Haus energiesparend bauen oder sanieren möchten und keine Förderbeiträge vom Kanton erhalten, prüfen Sie die Möglichkeit, von gemeinnützigen Fonds finanzielle Unterstützung zu erhalten. So fördern gewisse Elektrizitätswerke zum Beispiel die Installation und den Betrieb von Wärmepumpen.

Steuervergünstigungen für energetische Bauerneuerung und erneuerbare Energien

Bei einem Hauskauf können Sie gewisse Kosten von den Steuern abziehen. Grundsätzlich wird bei Investitionskosten zwischen Anlagekosten als wertvermehrende Investition und Unterhaltskosten als werterhaltende Investition unterschieden. Dabei können Anlagekosten im Gegensatz zu Unterhaltskosten nicht vom steuerbaren Vermögen abgezogen werden. Massgebend ist dabei die sogenannte Dumontpraxis. Diese schreibt vor, dass Unterhaltskosten, die nur in einem grösseren zeitlichen Abstand anfallen, in den ersten fünf Jahren nach dem Kauf einer Liegenschaft nicht abziehbar sind. Die Dumontpraxis wurde jedoch im Jahr 2001 auf Bundesebene gelockert: Heute dürfen die Unterhaltskosten auch während der ersten fünf Jahre abgezogen werden. Dies ist nicht der Fall, wenn sich die Liegenschaft beim Kauf in einem vernachlässigten Zustand befindet. Einige Kantone haben die Lockerung der Dumontpraxis übernommen, andere haben diese Richtlinien sogar ganz aufgehoben.

Energie und Steuern sparen

Wenn Sie bei der Renovation eines Hauses bauliche Massnahmen vornehmen, die zu einer rationellen Energieverwertung beitragen, haben Sie zusätzliche steuerliche Vorteile. Sie können solche Investitionen teilweise oder vollständig von den Steuern abziehen. Dies gilt ebenfalls bei Massnahmen zur Nutzung von erneuerbaren Energien. Dazu gehören Sonnenenergie, nutzbare Umgebungswärme mit oder ohne Wärmepumpen, Windenergie und Biomasse inklusive Holz oder Biogas. Die Nutzung von Wasserkraft wird im Rahmen der direkten Bundessteuer hingegen nicht gefördert.

Bei Massnahmen zu einer rationellen Energieverwertung und Nutzung erneuerbarer Energien beträgt die Abzugsquote der direkten Bundessteuer in den ersten fünf Jahren nach Anschaffung der Liegenschaft 50 Prozent, nachher können 100 Prozent abgezogen werden. Wenn Sie für die Installation Förderbeiträge des Kantons erhalten, kann der subventionierte Teil der Anlage nicht von den Steuern abgezogen werden. Und: Bei Neubauten und Gebäudeerweiterungen werden weder bei der direkten Bundessteuer noch bei den kantonalen Steuern Abzüge gewährt.

Tipp

Wenn Sie Ihre Gas-, Kohle- oder Ölheizung durch eine energieeffiziente, nicht fossil betriebene Heizung ersetzen, können Sie bei der direkten Bundessteuer gleich zu Beginn die vollen Kosten abziehen. Je nachdem, wie Ihre Steuerverhältnisse aussehen, reduziert dies die Investitionskosten um 20 bis 30 Prozent. Damit können Sie besonders mit jenen Systemen profitieren, die eine hohe Anfangsinvestition erfordern. Das sind zum Beispiel Sonnenkollektoren, Pelletkessel und Wärmepumpen mit Erdsonden. Da die Investitionskosten bei Einfamilienhäusern besonders hoch sind, helfen Förderbeiträge und Steuerabzüge die erneuerbaren Heizsysteme konkurrenzfähiger zu machen.

Kantonale Steuern

Die Abzugsmöglichkeiten bei den Staatssteuern, das heisst den Steuern, die von den Kantonen erhoben werden, sind sehr unterschiedlich. Einige Kantone haben die Regelung der direkten Bundessteuer ganz oder teilweise übernommen. In einigen Kantonen können die Investitionen sofort nach der Anschaffung zu 100 Prozent abgezogen werden, in anderen gar nicht. Erkundigen Sie sich für nähere Angaben bei der kantonalen Steuerverwaltung oder wenden Sie sich an die Energiefachstelle Ihres Kantons.

Die Adressen der Energiefachstellen finden Sie im Internet unter:

www.energie-schweiz.ch.

Die Adressen der kantonalen Steuerverwaltungen finden Sie unter:

www.estv.ch.

In den Kantonen Aargau, Bern, Basel-Landschaft, Genf, Neuenburg, Nidwalden, Schwyz, Solothurn, Wallis und Zürich gilt dieselbe Regelung wie bei der direkten Bundessteuer: Investitionen zur rationellen Energieverwertung und zur Nutzung erneuerbarer Energien können in den ersten fünf Jahren nach Anschaffung der Liegenschaft zu 50 Prozent, nachher zu 100 Prozent abgezogen werden.

In den Kantonen Appenzell Innerrhoden, Glarus, St. Gallen und Tessin gilt ebenfalls die Regelung gemäss der direkten Bundessteuer. Die Investitionen sind jedoch schon nach zwei Jahren zu 100 Prozent abziehbar.

In den Kantonen Appenzell Ausserrhoden, Graubünden und Luzern gibt es keine spezielle Regelung für Investitionen zur rationellen Energieverwendung und zur Nutzung erneuerbarer Energien. Es können nur die üblichen Unterhaltskosten abgezogen werden.

In den Kantonen Basel-Stadt, Jura, Schaffhausen, Thurgau und Waadt können die Investitionen zur rationellen Energieverwertung und zur Nutzung erneuerbarer Energien sofort nach Anschaffung der Liegenschaft zu 100 Prozent abgezogen werden.

Investitionen zur rationellen Energieverwertung und zur Nutzung erneuerbarer Energien können in den Kantonen Freiburg, Uri und Zug gleich nach Anschaffung der Liegenschaft zu 100 Prozent abgezogen werden. Hat jedoch der ehemalige Besitzer den Unterhalt der Liegenschaft vernachlässigt, sind die Investitionen während der ersten fünf Jahre nach dem Bau oder dem Erwerb der Liegenschaft nur zu 50 Prozent abziehbar.

Im Kanton Obwalden können 100 Prozent der Unterhaltskosten und 50 Prozent der Anlagekosten abgezogen werden.

Quelle: Agentur für erneuerbare Energien und Energieeffizienz AEE:

www.erneuerbar.ch.

EnergieEtikette für Haushaltsgeräte und Beleuchtung

In den Haushalten sind immer mehr Elektrogeräte in Betrieb: Wo früher noch ein Fernseher ausreichte, stehen heute oft zwei TV-Geräte im Gebrauch. Dazu kommen Computer,

Küchengeräte und Stereoanlagen. Und immer neue Geräte wie etwa digitale Fernseher werden auf den Markt geworfen. Durch solche Trends steigt unweigerlich auch der Energiebedarf in Ihrem Haushalt. Dieser Verbrauchsanstieg kann jedoch nur durch den Bau von zusätzlichen Stromproduktionsanlagen gedeckt werden.

Der Energieverbrauch von Elektrogeräten hängt jedoch nicht allein von der Menge der verwendeten Geräte ab. Auch der Verbrauch der Geräte in den verschiedenen Betriebsmodi, wie Vollbetrieb, Sparbetrieb oder Stand-by, spielt eine grosse Rolle. Und: Moderne Haushaltsgeräte verbrauchen deutlich weniger Energie als ältere Geräte. Das Bundesamt für Energie zeichnet deshalb seit 2002 besonders sparsame Geräte mit der EnergieEtikette aus. Dazu gehören:

- Kühl- und Gefriergeräte,
- Waschmaschinen,
- Wäschetrockner (Tumbler),
- Geschirrspüler,
- Backöfen,
- Lampen,
- Raumklimageräte.

Mit energieeffizienten Geräten, die mit der EnergieEtikette ausgezeichnet wurden, können Sie, über die Betriebsjahre gerechnet, viel Strom und somit auch Geld sparen. Zudem haben einige kantonale Energieberatungsstellen zur Werbung für EnergieEtikette-Produkte Aktionstage lanciert, an denen Sie auf energiesparende Haushaltsgeräte Rabatt erhalten. Erkundigen Sie sich deshalb bei Ihrer kantonalen Energiefachstelle oder über die Internetadresse www.energieetikette.ch über ökologisch günstige Produkte.

Steuervergünstigungen für Motorfahrzeuge mit Alternativantrieb

Nicht nur Haushaltsgeräte, auch Fahrzeuge werden mit der EnergieEtikette ausgezeichnet. Mit dem Label gekennzeichnet werden Autos, die in Bezug auf ihr Gewicht weniger Energie als ein durchschnittliches Fahrzeug ihrer Klasse verbrauchen. Die EnergieEtikette informiert dabei über den Treibstoffverbrauch und über den CO_2-Ausstoss. Das Label unterteilt die Fahrzeuge in die Kategorien A bis G. Dabei steht A für ein energieeffizientes Auto, G für ein vergleichsweise ineffizientes Fahrzeug.

Mit dem Kauf eines Fahrzeugs, das mit der EnergieEtikette ausgezeichnet wurde, können Sie nicht nur beim Treibstoff Geld sparen, sondern auch bei den Steuern. Die Motorfahrzeugsteuer für Fahrzeuge mit Alternativantrieb wie Elektro-, Brennstoffzellen-, Erdgas- oder Hybridantrieb wird von einigen Städten und Kantonen vollständig oder teilweise erlassen. Die Reduktionen oder Erlasse werden automatisch registriert. Für weitere Informationen wenden Sie sich am besten an die Verwaltung Ihrer Wohngemeinde. Falls Sie ein erd- oder biogasbetriebenes Fahrzeug kaufen, kann Ihnen auch der lokale Gasversorger Ihrer Wohngemeinde Auskunft geben.

Fallbeispiel Steuervergünstigung

Adriana K. wohnt in Luzern und fährt einen Mittelklassewagen mit Jahrgang 1999. Da ihr Auto bereits einige Kilometer und Reparaturen hinter sich hat und den anstehenden Abgastest kaum mehr bestehen wird, beschliesst Adriana K., einen neuen Wagen zu kaufen. Schon länger interessiert sich die gelernte Chemikerin für Fahrzeuge mit Alternativantrieb: Erst kürzlich hat sie für ihren Lebenspartner einen Elektroroller erworben. Um ihr Portemonnaie und die Umwelt zu schonen, kauft sich Adriana K. deshalb ein Auto, das mit Biogas betrieben wird. Wenn sie sich für ein Benzin- oder Dieselfahrzeug derselben Gewichtsklasse entschieden hätte, müsste sie nun eine jährliche Motorfahrzeugsteuer von 389 Franken bezahlen. Mit ihrem umweltfreundlichen Auto hingegen erhält sie eine Steuervergünstigung. Sie bezahlt für ihr Gasfahrzeug nur gerade 20 Prozent des tiefsten Steuersatzes. In Luzern sind das 41.20 Franken. Adriana K. spart damit also jedes Jahr Motorfahrzeugsteuern in der Höhe von 347.80 Franken.

- Aargau: keine Reduktion auf die reguläre Motorfahrzeugsteuer;
- Appenzell Innerrhoden: für besonders umweltfreundliche Autos auf Gesuch eventuell eine Reduktion auf die reguläre Motorfahrzeugsteuer;
- Appenzell Ausserrhoden: für Elektro- und Hybridautos 50 Prozent Reduktion auf die ordentliche Steuer;
- Basel-Landschaft: alle Elektro-, Hybrid- und Erdgasautos, die mehr als 50 Prozent der Gesamtreichweite mit alternativen Treibstoffen zurücklegen, sind bis ins Jahr 2008 von der Verkehrssteuer befreit;
- Basel-Stadt: 20 Prozent Reduktion auf die regulären Motorfahrzeugsteuern für E-Mobile, 10 Prozent für Fahrzeuge mit Euro4- oder besserer Norm;
- Bern: 50 Prozent Reduktion auf die reguläre Motorfahrzeugsteuer für Batterie-E-Mobile;
- Freiburg: 30 Prozent Reduktion auf die reguläre Motorfahrzeugsteuer für E-Mobile, Erd- und Biogasfahrzeuge sowie für Hybridautos;
- Genf: Befreiung von der Motorfahrzeugsteuer für Fahrzeuge mit EnergieEtikette Kategorie A, Euro4-Norm, für Autos mit einem CO_2-Ausstoss, der unter 160 Gramm pro Kilometer beträgt und die weniger als 0,010 Gramm Partikel pro Kilometer ausstossen;
- Glarus: E-Mobile sind steuerbefreit;
- Graubünden: 20 Prozent Reduktion auf die reguläre Motorfahrzeugsteuer für Elektro- und Hybridfahrzeuge gemäss Gewichtssteuer;
- Jura: 50 Prozent Reduktion auf die reguläre Motorfahrzeugsteuer für Elektro- und Hybridfahrzeuge gemäss Gewichtssteuer;
- Luzern: 20 Prozent Reduktion auf dem tiefsten Steueransatz der entsprechenden Fahrzeugart für Elektro-, Gas-, Wasserstoff-, Brennstoffzellen- und Hybridmobile;
- Neuenburg: 50 Prozent Reduktion auf die reguläre Motorfahrzeugsteuer für Elektro-, Gas- und Brennstoffzellenfahrzeuge;
- Nidwalden: für Hybridfahrzeuge auf Gesuch eine Ermässigung von 50 Prozent auf die reguläre Motorfahrzeugsteuer;
- Obwalden: für Hybridfahrzeuge auf Gesuch eine Ermässigung von 50 Prozent auf die reguläre Motorfahrzeugsteuer;

- Schaffhausen: Ermässigung von 120 Franken auf die reguläre Motorfahrzeugsteuer für Elektromobile bis 30 Kilowatt Leistung; 12 Franken pro weitere fünf Kilowatt Leistung;
- Schwyz: Ermässigung von 154 Franken auf die reguläre Motorfahrzeugsteuer für Elektromobile bis eine Tonne; pro 250 Kilogramm weniger Gewicht zusätzlich 34 Franken Ermässigung;
- Solothurn: keine Motorfahrzeugsteuern für Solar- und Elektrofahrzeuge;
- St. Gallen: 50 Prozent Reduktion auf die reguläre Motorfahrzeugsteuer für Elektromobile;
- Tessin: keine Motorfahrzeugsteuern für Elektromobile, 50 Prozent Reduktion für Hybridautos;
- Thurgau: keine Reduktion auf die reguläre Motorfahrzeugsteuer;
- Uri: zwei Drittel Steuerermässigung für batteriebetriebene Fahrzeuge;
- Waadt: Ermässigung von 51 Franken auf die reguläre Motorfahrzeugsteuer für Elektromobile; 50 Prozent Ermässigung für Autos, die weniger als 120 Gramm CO_2 auf 100 Kilometer ausstossen, die mit einem Partikelfilter bestückt sind und mit Gas oder anderen natürlichen Treibstoffen angetrieben werden;
- Wallis: Ermässigung von 80 Franken auf die reguläre Motorfahrzeugsteuer für Elektromobile bis 10 Kilowatt Leistung, weitere 20 Franken pro zusätzliche fünf Kilowatt Leistung;
- Zürich: 50 Prozent Reduktion auf die reguläre Motorfahrzeugsteuer für Fahrzeuge mit elektrischem oder alternativem Antrieb;
- Zug: 50 Prozent Reduktion auf die reguläre Motorfahrzeugsteuer für Elektrofahrzeuge.

Quelle: Toyota AG

Weitere Adressen und Links

Bundesamt für Energie (BFE)
Mühlestrasse 4
3063 Ittigen
Tel. 031 322 56 11, Fax 031 323 25 00
Infoline EnergieSchweiz: 0848 444 444
office@bfe.admin.ch
www.bfe.admin.ch

Verband Schweizerischer Elektrizitätsunternehmen VSE
Hintere Bahnhofstrasse 10
Postfach
5001 Aarau
Tel. 062 825 25 25, Fax 062 825 25 26
info@strom.ch
www.strom.ch

Swissolar Geschäftsstelle
Neugasse 6
8005 Zürich
Tel. 044 250 88 33, Fax 044 250 88 35
Infoline 0848 000 104
info@swissolar.ch
www.swissolar.ch

Holzenergie Schweiz
Neugasse 6
8005 Zürich
Tel. 044 250 88 11, Fax 044 250 88 22
info@holzenergie.ch
www.holzenergie.ch

Informationsstelle Wärmepumpen
Steinerstrasse 37
3006 Bern
Tel. 031 350 40 65, Fax 031 350 40 51
info@fws.ch
www.fws.ch

Geschäftsstelle Minergie
Steinerstrasse 37
3006 Bern
Tel. 031 350 40 60, Fax 031 350 40 51
info@minergie.ch
www.minergie.ch

AEE
Agentur für erneuerbare Energien und Energieeffizienz
Neugasse 6
8005 Zürich
Tel. 044 250 88 30, Fax 044 250 88 22
www.aee.ch
www.erneuerbar.ch

Energiefachstellen und regionale Energieberatungsstellen
in den Kantonen
www.e-kantone.ch

Gebäudekampagne von EnergieSchweiz im Auftrag
des Bundesamtes für Energie
www.bau-schlau.ch

Die ökologisch besten Haushalts- und Bürogeräte
www.topten.ch

EnergieEtikette und Elektrogeräte

www.bfe.admin.ch/energieetikette

Energieeffiziente Geräte

www.eae-geraete.ch

Schweizerische Agentur für Energieeffizienz

www.energieeffizienz.ch

Ihr Stromverbrauch und Ihr Sparpotenzial

www.energybox.ch

Schweizerische Banken, die Ökohypotheken anbieten

www.minergie.ch/download/Banken.pdf

Fahren mit Erdgas

www.erdgasfahren.ch

Bemessung der Motorfahrzeugsteuer

www.e-mobile.ch/index.php?pid=de,2,4

Tageskarten für den öffentlichen Verkehr in Ihrer Gemeinde,
früher GA-Flexicard

www.tageskarte-gemeinde.ch

Andrea Fischer Schulthess

Food for Kids

Gesunde Ernährung für Kinder und Jugendliche

149 Seiten, broschiert

ISBN 978-3-7225-0062-1

CHF 24.–/EUR 16.–

Noch nie haben die Menschen so viel über Ernährung gewusst. Und doch sind unsere heutigen Essgewohnheiten reichlich zweifelhaft: zu einseitig, zu fett und insgesamt zu viel, dabei zu wenig Frisches – zusammen mit dem Bewegungsmangel und anderen Zivilisationserscheinungen ein ziemlich ungesunder Mix. Das zeigt sich schon früh: Immer mehr Kinder und Jugendliche sind übergewichtig, auf der andern Seite nehmen Magersucht, Ess-Brech-Sucht und andere Essstörungen zu. Gesunde Ernährung kommt aber nicht von allein. Gutes Essverhalten hat viel mit Erziehung zu tun und fängt in der Familie an. Dieser Ratgeber zeigt deshalb nicht nur, was es heisst, seine Kids richtig zu ernähren, sondern auch, wie man sie dazu bringt, dass sie selbst auf gesunde Essgewohnheiten achten.

Mit vielen Tipps und Rezepten für Kinder und Eltern.

Nina Scheu

Kids im Netz

Handy, Internet, TV & Co.

120 Seiten, broschiert

ISBN 978-3-7225-0063-8

CHF 24.–/EUR 16.–

Eltern sollten sich mit den Neuen Medien und Kommunikationsmitteln auskennen, sie sollten möglichst computer- und internettüchtig sein und wissen, was man mit einem Handy alles anstellen kann. Denn das weltweite Datennetz ist kein ungefährlicher Spielplatz. Zahllose Dienstleistungen, die da angeboten werden, sind für Kinder nur begrenzt oder überhaupt nicht geeignet. Dieser Ratgeber zeigt, wann und wo Vorsicht geboten ist, er beantwortet Fragen wie: Halten Filter wirklich, was sie versprechen? Wie schütze ich mein Kind vor unseriösen Angeboten? Welche Internetseiten kann ich meinen Kindern empfehlen? Und er zeigt, wie Eltern ihre Kinder dazu bringen, sich in den weltweiten Netzen nicht zu verfangen.

Mit vielen Tipps und Links für Eltern und Kinder.